親子關係
世間最難修的一門課

Parents and Children
Our Most Difficult Classroom

肯尼斯‧霍布尼克博士（Kenneth Wapnick, Ph. D.）◎著

上篇：林慧如　若水◎合譯
下篇：陳夢怡　若水◎合譯

《奇蹟課程》國際通用章節代碼

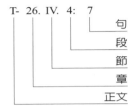

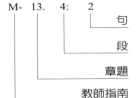

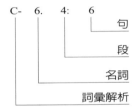

T → 正文

W → 學員練習手冊

M → 教師指南

C → 詞彙解析

P → 心理治療——目的、過程與行業

S → 頌禱——祈禱、寬恕與療癒

目　次

上　篇

寫在「肯恩實修系列」之前

若水

（一）

《奇蹟課程》的筆錄者海倫與此書的愛恨情結，已是眾所周知的事。因她深曉這套訊息的終極要旨，也明白自己一旦接納了這一思想體系，她的小我，連帶積怨已深的怒氣，就再也沒有存活的餘地了。因此《奇蹟課程》出現一個很怪異的現象，它的筆錄者千方百計想與它劃清界線，直到肯恩（肯尼斯）的出現，才把海倫又拉回《奇蹟課程》的身邊。

肯恩是海倫與比爾的密友，由於互動頻繁，比爾乾脆在辦公室為肯恩添置一張辦公桌，可見他們交往之密。

肯恩一接觸《奇蹟課程》，如獲至寶，他反覆地研讀，凡遇不明處，必一一請教海倫。他深覺這份龐大的資料，有重新編校的必要，因它不僅夾雜著私人的

對話，許多章節標題與內文也不相符，全書的體例和格式，如標點、大小寫、段落等等，乃至於專門術語的用詞，每每前後不一。比爾與海倫也深有此感，只是比爾生性不喜校訂工作的繁瑣，這工程便落在海倫與肯恩身上。主事者自然是海倫，即使是大小寫的選擇，或詞句的還原（海倫筆錄的初期曾故意改掉她不喜歡的詞彙，但她也很清楚自己擅自改動的部分），都有待海倫與「那聲音」確認後才能定案。

（二）

比爾曾說，海倫筆錄時的心態有顯著的「解離症狀」（dissociation），她內心的「正念」部分十分清楚「那聲音」所傳授的訊息，筆錄內容才會如此純正，不夾雜個人的好惡傾向（當然，除了她早期的抵制手法以外），但她的「妄念」部分也堅守防線，且以各種奇怪的方式，不允許自己學習這套《課程》。肯恩在海倫的傳記中提到當時的有趣情景：

> 我們常常窩在她家客廳的沙發上進行校訂，海倫總有辦法陷入昏睡，每當討論到一半時，我

向左邊一瞧，海倫已經倒在沙發的另一角了，她一向警覺的大眼睛閉得緊緊的。在她陷入昏睡前，她還會哈欠連連，下頜骨開開合合，頻繁到讓她說不出話來。又有好幾次校訂時，她開始咳嗽，咳得又兇又急，喉嚨好似有什麼異物，想吐卻吐不出來。碰到這類情形，海倫就會放聲大笑，笑得眼淚都流出來，她很清楚這是小我的抗拒。我們就在哭哭笑笑、咳嗽哈欠的交響樂中繼續修訂的工作。（暫別永福/暫譯 P.361）

海倫的心靈，在某一層次，當然了解那聲音所傳的訊息，但她的小我真的不想知道。她偶爾會這樣向肯恩耍賴：

在校訂過程中，每隔一陣子，海倫就會故意裝傻。當我們唸完一段比較艱深的文句後，海倫就會大笑，聲稱她完全不懂這一段話究竟在講什麼。我只好一句一句地解釋，我突然發覺自己落入一種相當荒謬的處境：我竟然在向一位心裡其實比任何人都清楚這部《課程》的

人解釋此書的深意。**而我講解《奇蹟課程》的**
生涯，可說是從這一刻開始的。（暫別永福
P.361）

自這一刻起，肯恩開始了他講授《奇蹟課程》的生
涯，四十年如一日，同一形式，同一內涵，同一個小小
基金會，從無擴張之圖，更無意行腳天下，他只是默默
地履行他對耶穌的許諾。

由於早期的奇蹟學員多數都有自己的專業或信仰，
他們往往習慣把《奇蹟課程》融入個人本有的思想體
系。唯有肯恩，毫不妥協地堅守《奇蹟課程》最純淨
且究竟的理念，修正當時所流行的各種詮釋；於此，他
實有不得已的苦衷。因為海倫當年認為，這套思想體系
如此究竟又絕對，可說是推翻了一切人間幻相，根本
不適合大眾閱讀；在她心目中，此書只是給他們五六
個人的。沒想到，此書一到了裘麗（Judy Whitson）手
中，就如野火一般，瞬即燃燒出去。海倫曾跟裘麗說：
「**這部書將來會被傳誦、解說成令你簡直辨認不出這是**
《奇蹟課程》的地步。」為此，那批元老曾想成立「死
硬派核心團體」（hard core group），忠實傳達《奇蹟

課程》的核心理念，絕不爲了迎合大眾的需求而將它摻水、軟化，任它淪爲人人都能接受的「方便法門」。然而，海倫本人從心底害怕這套思想體系，比爾當時又有個人的難言之隱，兩人都拒絕扮演奇蹟教師或專家的角色；最後，肩起這一重任的，唯獨肯恩。

（三）

肯恩的教學特色就是「用《奇蹟課程》的話來詮釋《奇蹟課程》」。他最多只會引用自己喜愛的佛洛依德、尼采、貝多芬作爲開講的楔子，一進入理念的層次，就全部引用原書作爲實證。不論學員問哪一層次的問題，他只有一個答覆，就是「**讓我們看看《奇蹟課程》是怎麼說的**」，基於他博聞強記的能力，他會隨口告訴你，「請翻看第幾頁第幾段」。

肯恩從小就有口吃的毛病，然而他絲毫不受語言的障礙，謙和而誠懇地從三十多歲的青年講到如今的白髮蒼蒼，終於折服了各據山頭的奇蹟群雄，成爲眾所公認的奇蹟泰斗。

綜觀肯恩的學說，四十年來反覆闡述的，其實只有

這一套理念：

——問題不在外面！金錢不是問題，性慾也不是問題，你的親子關係或親密關係更不是問題，因為你眼中的世界根本就不是真的，只是你編織的夢境而已。

——過去的創傷不是問題，未來的憂懼也不是問題，因為時間根本就不存在，那是小我向你心靈撒下的瞞天過海的大網。

——你若一味向外尋求答案，或把問題推到過去未來，你便徹底錯失了此生的目的。但請記住，這不是罪，你只是「懂錯了」，你最多只會為它多受一些無謂之苦而已。

肯恩的解決之道也說不上是什麼「妙」法，他只是藉由不同事例而重申《奇蹟課程》：「觀看、等待、不評判」的原則。

——只要我們不再害怕面對自己內在的兇手（小我），以耶穌的慈愛眼光諒解小我「不得已」的苦衷，便不難看清它的防衛措施下面所隱藏的真相。於是，作繭自縛、自虐自苦的傾向自然鬆解，我們便有了「重新

選擇」的餘地。

　　──然而，很少人真有勇氣面對自己隱藏在無辜面容背後的兇手，這是人們最難跨越的心障。

　　肯恩花了整整四十年的光陰，就是教我們如何去「看」而已。這一道理雖然不難明白，但人心豈肯僅僅「觀看、等待、不評判」！這一解決方案可說是把小我逼入了絕路，它是寧受百千萬劫之苦也無法接受這種「出路」的。為此，肯恩繼續苦口婆心地講下去，直到有一天，我們豁然領悟，《奇蹟課程》的奇蹟原來是在「寧靜無作」中生出的。

（四）

　　正因肯恩學說毫不妥協的精神與一成不變的形式，過去這些年，奇蹟資訊中心也不敢貿然出版他的書。於是，我先嘗試以研習的方式，把他的思想架構圖介紹給學員，再逐步出版一些導讀與傳奇故事，為肯恩的書籍鋪路。在這同時，我也展開培訓奇蹟譯者的計畫，從肯恩的簡短問答下手，讓資深學員熟悉他的邏輯理念與風格，「奇蹟課程中文網站」的內涵也因此而更加充實齊

備。經過多年的準備，奇蹟讀者終於食髓知味，期待讀到肯恩書籍的呼聲也愈來愈高了。

而，我們也準備好了。

肯恩將他所有書籍的中文版權都託付給我與奇蹟資訊中心，我們也就兢兢業業地肩起他的託付，我逐步邀請學養兼備的奇蹟學員與我攜手合作，藉由翻譯的機會（形式），學習寬恕（內涵），在相互修正的微妙互動中，化解小我視為命根子的特殊性。我們只有一個「共通的理想」，就是把原本只是演講的記錄，提升為精確又流暢的中文作品。而我敢驕傲地說，我們做到了，譯文的文字水平甚至超過了原書。

我常說，當學生準備好時，老師便出現了。在此感謝所有華文譯者與讀者，是你們多年來在自己心靈上的耕耘，促成了這套「肯恩實修系列」的問世因緣，使奇蹟理念得以以它最純粹、最直接，也最具體的形式呈現在我們的眼前。

（若水誌於星塵軒 2012.5）

序

　　本書分爲上下兩冊，內容集結了有關親子議題的研習和學術討論而成。此一系列始於我在2005年的一場學術演講，主題正是「親子關係——世間最難修的一門課」。除了該次講演內容，本書又增補不少相關的問答，這些問答的內容非常繁複，也各有其重要性，我們決定編爲兩冊，如此才合乎出版「奇蹟課程實修系列」的本意——以袖珍書的形態問世，方便學員攜帶、操練與應用。〔編按〕

　　爲了顧及閱讀的屬性，原本的講稿和臨場的問答都經過重新編輯，惟書中仍維持我講課的一貫口吻。要特別說明的是，對於資料的篩選與編輯，我們一向都是以協助學員療癒人生重要的關係爲指標。此外，我們也把

〔編按〕中文版「肯恩實修系列」未採袖珍書形態，故徵得肯恩同意，將《親子關係》上下兩冊合爲一冊，「上下冊」並改爲「上下篇」。

2006年3月《燈塔通訊》的一篇文章〈寬恕施虐者 ——
我們唯一的希望〉，收編於本書的附錄。

誌　謝

　　我要藉此機會感謝基金會出版部的發行經理蘿絲瑪
琍・羅薩索，因著她的專業編輯能力和精益求精的敬業
精神，使我們的編纂過程得以順利完成。最後，我要再
次感謝內人葛洛莉，她的諸多建議乃是鼓舞我們出版這
一系列書籍的一大動力。她確實是指引基金會運作二十
五年來的一盞明燈。

前　言

　　正如本書副題所言，親子關係是世間最難修的一門課程，我想，不論你是成長中的孩子、年歲日增的父母，或是有高堂需要照顧的人，對此說法，大概都會心有戚戚焉吧。本書將會不斷提到，我們與父母的關係乃是日後所有特殊關係之雛型，而我們與下一代所建立的關係自然也繫乎其中。可想而知的，分裂、內疚、攻擊與失落感這一整套的小我思想體系，必然和親子關係如影隨形，緊緊相扣；同時，我們與父母之間無可避免的第一重關係若未獲得療癒，我們也勢必難以健全成長。的確如此，這重特殊關係若沒有眞正治癒，便會成為一道障礙，阻撓我們癒合與上主之間的關係，那才是一切關係之首。因此，耶穌在《奇蹟課程》裡反覆教導，倘若我們有意從罪咎之夢覺醒過來而安返家園，就必須接受他的不二法門：寬恕種種特殊關係。因為「不願寬恕」就表示我們決定繼續沉睡在種種受害、被虐、悲慘

與痛苦的夢中。有朝一日，我們終將了知，父母其實爲我們提供了絕佳的覺醒機會，讓我們在耶穌的帶領下，加速返家的腳步。耶穌不停地問我們，爲什麼我們不願與他同行？不願與活在同樣的噩夢中、同樣渴望覺醒的弟兄姐妹攜手同行？

衷心希望這本書能鼓舞學員鍥而不捨地完成這趟旅程，這不僅爲了我們自己，也是爲了所有的神子。

開場白：研習前的預習

在這三天「親子關係研習」之始，我先簡短介紹幾個可以預習的章節。希望本書的讀者也能預爲溫習這些材料，必會有助於深入了解這三天所要探討的內容。

這些閱讀材料分別呈現了這次研習涉及的各個層面：前三篇文章是〈正文〉的「創造與自我形象之別」（T-3.VII）、「正授與正學」（T-4.I）以及「小我與錯誤的自主權」（T-4.II），這三篇的內容皆不離「權威」的問題，不論從孩子或父母的角度來看，所有親子關係都離不開這一主題。接下來則是「愛的幻相與眞相」

（T-16.IV）和「選擇圓滿之境」（T-16.V），這兩篇可說是
〈正文〉探討特殊關係最重要的兩節。不論從理論上或
日常經驗來看，「親子關係」顯然是我們一生中最為重
要的特殊關係。

　　〈學員練習手冊〉第一百九十三課「一切事情都是
上主要我學習的課程」，全文概括性地教我們看出，何
以生活中的點點滴滴都提供我們寬恕的機會，沒有任何
一件事情例外。「親子」既是我們躲不掉的人生課題，
〈練習手冊〉這一課可說已把此一重要原則表達得淋漓
盡致了。

　　〈教師指南〉「教學的次第」（M-3）這一節提出了
教學的三種層次。第一層次是指我們生命中「不期而
遇」又好似「無足輕重」的關係，譬如一個素昧平生、
從此不再相遇的路人。第二層次指的是某一期間交流或
互動比較頻繁的關係，可以說，那段時間為雙方提供了
學習寬恕的大好良機。第三層次則是持續終生的關係，
好比朋友與配偶，這種關係一旦建立，便會終其一生。
文中雖未指名親子關係，但它顯然屬於最後這個範疇。

1 耶穌給比爾的信息

導　言

　　首先，我要來談談耶穌透過海倫・舒曼傳遞給威廉・賽佛（亦即比爾）的信息。海倫是《奇蹟課程》的筆錄者，比爾則是海倫的同事，也是海倫筆錄期間的重要推手。耶穌給比爾這一篇信息雖然表面談的是另一回事，但其實卻包含了相當重要的親子題材。此一信息原本是要幫助比爾克服公開演說與上台講課的恐懼（或許「驚恐」更貼近他的感受吧），儘管比爾有臨場應變的幽默感，聲音亦頗具磁性（順便一提，他唱歌也很好聽）〔原註〕。

〔原註〕讀者若有興趣，無妨聽聽比爾朗讀的課程節選，由心靈平安基金會出版，標題為〈奇蹟課程節選朗讀〉（*Readings from A Course in Miracles*）。

　　海倫和比爾是紐約哥倫比亞大學內外科醫學院的醫療心理教授。海倫從1965年秋天開始筆錄《奇蹟課程》。翌年春天，比爾在哥倫比亞大學夜間部開了一門「病態心理學」，然而，要他一個人走進教室簡直要他的命，結果，海倫不得不與他一同上台講課。

　　這篇信息，耶穌主要是幫助比爾跨越心障，也就是化解他對「權威」的心結。絕大部分的信息都已收錄在我寫的《暫別永福／暫譯：海倫舒曼的故事與奇蹟課程的筆錄過程》（*Absence from Felicity: The Story of Helen Schucman and Her Scribing of A COURSE IN MIRACLES*）一書，這篇信息引自此書第261~267頁（二版）。我會略過已編入《奇蹟課程》的章節。海倫、比爾和我在編輯《課程》時，刪除了純屬私人性的資料，留下一般性的教導，這些教誨大多納入〈正文〉第四章第一節「正授與正學」中，其餘則收編於第三章最後一節。這篇信息是在1965年12月記錄下來的，耶穌將比爾對教書的恐懼連結到他與父母未解的心結。在這次的研習中，我會把耶穌對比爾所說的，套用在日常的親子經驗裡。若要了解這篇信息，必須對奇蹟理念有所認識，因此，在討論之前，我要先提出一些基本概念，

好讓大家明白耶穌到底想教比爾什麼〔原註〕。

　　不論你由哪個角度來探討《奇蹟課程》，尤其是針對這篇給比爾的信息，都必須先了解**心靈**與**身體**的關係。耶穌在〈正文〉前幾章論及疾病的問題時，點出了我們對身體最根本的誤解，以爲這個生理與心理的結合體操控著我們所有外在的行爲表現。

> 疾病也好，「妄見」也好，都是「層次混淆」的後遺症，因它會誤導人們相信某一層次所出的差錯會牽連到另一層次。我們曾提過，奇蹟乃是修正「層次混淆」的良藥，因爲每個錯誤必須在它發生的層次上就地修正。只有心靈才會犯錯。身體是因爲妄念的誤導才作出錯誤反應的。（T-2.IV.2:2~5）

　　眞正作決定的是心靈，是它選擇了我們這一生的經歷，而身體只是遵照心靈的指令行事罷了。當我們讀到耶穌給比爾的信息時，請務必記住這一點。耶穌指出，比爾認定自己深受父母所害，緊抓著過去的記憶不放，

〔原註〕若想對《奇蹟課程》的教導有全面性的了解，可一讀我的書《奇蹟課程的訊息上冊：叫召者眾》（暫譯）（*The Message of A COURSE IN MIRACLES*. VOLUME 1: *ALL ARE CALLED*）。

其實是想為自己甘願受到「不公的待遇」（T-26.X.4:1）找藉口罷了。然而，往者已矣，**除非**我們的心靈此刻自願賦予它力量，否則它根本影響不了我們。不幸的是，我們自甘如此，只因我們想得到罪咎帶來的「後遺症」：

> 罪咎引發的一切後遺症也不復存在，因罪咎本身已經過去了。肇因一除，遺害自然隨之化解。你對它的後果避之猶恐不及，為什麼卻對它的起因念念不忘？記憶是知見的過去式，兩者都具有選擇性質。它雖屬於過去的知見，卻好似發生在當下且歷歷在目。（T-28.I.2:1~6）

罪咎的後遺症究竟是什麼？一言以蔽之，就是一口咬定「分裂」的真實性。只因內疚反映出我們真的有罪，顯示分裂確實發生了。的確，我們只需付出一點點「內疚」的代價，就能讓小我「既具體又特殊的**存在（existence）**」取代了天堂那「既無形又一體的**實存（being）**境界」（T-4.VII.4:1~3）。小我甚至更進一步利用罪咎，先壓抑它，然後再投射到別人身上，讓他人顯得罪有應得，理當受到上主無盡的懲罰。我們耍弄這種把戲，利用別人的罪證來保住自己無辜的臉孔。親子關

係正好給了我們種種機會，來玩「陷別人於不義，以證明自己無辜」的人間遊戲。耶穌透過這個信息為比爾及我們所有的人點出「人類如何投射自己的罪咎而自甘淪為受害者」的心態。這類模式，日後我還會不斷提到。

信　息

> 正如你〔海倫〕常說的，沒有人會照單**全**收
> 父母所有的看法與感受。〔編按〕

　　耶穌在這裡套用了海倫幫人進行心理諮商或協助朋友釐清問題時經常說的一句話。每當海倫聽到有人不停地抱怨他們的「問題父母」如何又如何在他們心中留下陰影，害他們這輩子的問題層出不窮時，海倫會協助他們用心回顧自己的成長過程，讓他們看出自己其實並沒有**全盤**接受父母的每一個觀點。沒錯，所有逐漸形成的觀點信念，全都是經過自己揀擇來的。耶穌要說的正是

〔編按〕凡是在信息中出現中括弧〔〕之情形，中括弧內之文字為肯恩所加之按語；粗體字則是原文之斜體字，係肯恩所特別強調者。以下全書同。

這一點，他用海倫筆錄《課程》之前早已具備的諮商經驗作為開場，這樣開導比爾：

> 任何一個個體的成長過程都會歷經一連串的選擇，他一定會撇開拒絕接受的部分，而只保留自己**認同的**部分。即使比爾在家裡只能讀到某一類的報紙，但他並沒有因此承襲了父母的政治觀點。比爾之所以能夠不受影響，是因為他相信自己在這個領域內有選擇的自由。

耶穌這段話說明了，是比爾決定自己不受什麼觀念所縛、又願受什麼看法所綁，這與他的父母全然無關。是他決定自己要在哪些方面自主、哪些方面受縛的，父母不過是他推卸的藉口罷了。每當我們宣稱「今日的我全是父母造成的」，我們應當知道這並非實情。實際的情況是，我們過去所作的某個決定，延續至今，而且儲存在記憶裡，然後不時翻出來，為**此刻**活得悲慘、不幸又神經兮兮的自己脫罪。六〇年代有個相當著名的心理學理論（這種說法現在已經不被採信了），名為「令孩子精神分裂的母親」（the schizophrenogenic mother），它指出，都是那些心理異常的母親把可憐又無辜的孩子

搞到精神分裂的。固然，有些心理異常的父母確實對孩子產生不良的影響，然而，根本沒有人能害任何人精神分裂，也沒有人改造得了任何人。這就是耶穌想要傳遞給我們的重要訊息。

耶穌接著解釋，比爾和父母之間的互動所隱藏的玄機：

> 比爾**本身**一定大有問題，才會不假思索地接
> 受父母對他的錯誤評價。

比爾小時候覺得自己不受父母重視。他的姊姊小小年紀就夭折了，父母為此悲痛欲絕。比爾八九歲時患了風濕熱，病得相當嚴重，且有年餘時間，性命危在旦夕，但最後總算痊癒了。他依稀記得父母當時的態度是「該走的沒走，不該走的卻走了」。這段信息雖未提及此事，但它確實是比爾一個長年未解的心結。耶穌說，比爾到現在仍牢記這件事。本來這也無可厚非，別說是小孩子，即便是大人也很難忘懷那樣的事。然而，問題就出在**不願釋懷**。只要我們心裡還繫縛著這類孩提時代的傷痛，就不可能成為慈愛而健全的父母。要想成為慈愛的父母或教師這類權威角色，首要關鍵即是跳脫所有

童年的錯誤心態，好比說，「認定自己有問題」那種感覺，全是父母灌輸給你的。耶穌試圖揭穿比爾小我的障眼手法，於是這樣告訴他：「比爾**本身**一定大有問題，才會不假思索地接受父母對他的錯誤評價。」

　　這類誤解**往往**被詮釋為一種懲罰。但是，你不能說這是父母與子女之間權力的不對等所造成的後果。

　　父母是權威的一方，自然握有權力，相形之下，小孩常被視為無辜又無助的受害者。耶穌只是提醒我們不能假借「無助」這種說詞，堂而皇之將自己的現況歸咎到父母身上。孩子**絕非**是無助且無辜的，不要被他的外在形相所蒙蔽，而應由心靈層次來了解。以身體而論，我們**確實**是無助的；不過，那是孩子設的局，想陷父母為加害者。說穿了，這正是我們當初與上主分裂時所玩的手法。罪咎感讓我們不時等待著天譴；這可正中小我下懷，因為這表示分裂真的發生了，我們真的犯下了滔天大罪。

　　親子之間的不對等僅僅是暫時的現象，它多半是身心成熟的先後問題。除非你自己不想長大，否則不對等狀態持續不了多久。

　　耶穌要強調的是，身體的層次雖然有所差異，但那終究是個假相，因為我們心靈的力量並無不同。一個人只要不受童年經驗所限，他身心的成熟度一定會日益成長而與父母相當。由此可知，問題的根源絕對不在過去發生的事件，問題出在我們**此刻**心靈所作的決定──是否還想抓著過去，好證明自己確實受到了外力與威權的迫害，證明自己真的是一名無辜的受害者。

　　耶穌接下來提到一件比爾長年懷怨在心的事。比爾就業後，有一天父親怒沖沖地跑進他的辦公室。根據比爾的形容：他父親勃然大怒，亂加指責，最後，整間辦公室也因而毀了。

> 比爾的父親衝進他新成立的辦公室，且「毀了」它〔用引號，因那是比爾的措詞〕。顯而易見，比爾**必然**自甘讓父親毀了他的辦公室。

　　耶穌並不是說，比爾該為父親那個舉動負責，他不過點出，比爾其實下意識巴不得父親來破壞辦公室：

> 比爾多次提及這件事，足以顯示這個妄見在他扭曲的思維中具有舉足輕重的地位。

　　試問，有多少次我們會把過去的事情拿來說了又說，或至少在腦海裡想了又想？而那不見得是很久以前的事，也許是昨天甚或今天早上才發生的。我們是否不厭其煩地一再重播自己遭到迫害的經驗？有些事件比較嚴重，可能涉及性虐待或身體方面的殘害；有些則比較隱微，像是情緒的折磨等等。這些事件大量盤據在我們的記憶裡，以至於我們心甘情願地付出大把鈔票給心理治療師，以便能周而復始、一遍又一遍地複述自己的故事！會那樣做，就是為了告訴自己那件事有多重要；會那樣做，同時也表示我們希望它發生，如同比爾那般。容我再次提醒，這並不是說，我們必須為他人小我的惡行負責；這裡要說的是，問題真正的癥結，在於我們捨不得放掉那個記憶，甚至根據這類受虐經驗來建立「自我概念」。這一怪現象充分反映出我們心裡有東西腐爛了，腐爛的不是那些事件，而是心裡的咎，它不停地提醒告誡：我們活得這麼慘，全是罪有應得的。

　　耶穌給比爾的這一段信息，可作為整部《課程》的最佳案例，藉之，他對這兩位最早的學員以及所有的奇蹟學員剴切指出：沒有人可以理直氣壯地認為自己是受到不公待遇的無辜受害者。假使有人屈服於這種誘惑

（T-26.X.4:1），而真的如此看待自己，那只表示，他其實打從心底**渴望**自己受到不公的待遇。〈練習手冊〉把這群可憐蟲描繪得極其生動：

> 他看起來如此辛酸疲憊，意氣消沉，衣衫襤褸地走在亂石路上，每一步都血跡斑斑。世上所有的人，與他同是天涯淪落人，追隨著他的步伐，像他一樣受盡挫折，感到絕望。他只需明白是「誰」正在與他同行，他只需開啓自己的寶藏，就能重獲自由；你卻眼看著他硬要走自己的路，沒有比這更可悲的事了。（W-166.6）

此外，如果一個人堅信自己小時候受到了不公平的對待，他一旦為人父母，這種心態必會從中作祟，若非覺得孩子對他不公平，就是自己對孩子不公平，尤有甚者，他還會濫用父母或其他權威角色的權力等等。耶穌提醒比爾，他內在作抉擇的那部分心靈至今仍緊抓著可憐的自我形象不放，只因為平時完全覺察不到那一部分心靈，同一個問題才會沒完沒了地糾結下去。此刻，真正該去正視的是：

　　　　為什麼人們會在這顯然有誤的知見上頭賦予
　　　　如此巨大的力量？實在沒道理！即便比爾已
　　　　看到問題的癥結，仍忍不住抗議：「他怎麼
　　　　能這樣對我？」但，答案是：**他**並沒有這樣
　　　　對你。

　　請看清楚，比爾父親砸爛辦公室的行為並不是衝著
比爾來的。不論父親投射了什麼到比爾身上，那終究是
投射，與兒子毫無關係。是比爾自己淌入這灘渾水，說
這全是衝著**他**而來的。換句話說，是他硬將父親的攻擊
行為與自己的受害心態連結在一起。問題不在父親做了
什麼，而在於比爾對這行為的解讀。這一說法顯然適用
於每一個人，因為沒有人真的對我們做出任何事。心懷
憤恨之人先憎恨了自己，再把這可憎的形象投射到他人
身上。我們要是對號入座，就等於跳入仇恨與罪咎的舞
池，自甘與之共舞。

　　因此，耶穌再三提醒，我們必須為自己的選擇負
責。別人作了什麼決定不勞我們操心，但允許別人的決
定來影響自己，就絕對是我們自己的責任了。身體或辦
公室可能受到影響，但我們的心靈卻不必受它干擾。當
比爾悲痛地問：「他怎麼能這樣對我？」其實不是真的

在問，而是在控訴：「你怎麼能這樣對我！」耶穌斬釘截鐵說：「**他**並沒有這樣對你。」耶穌也以這句話回答了所有發出同樣哀嘆的人。

> 比爾該捫心自問的是，究竟他願不願意看出真相，明白父母根本「沒有」傷害他。唯有承認這一事實，才算**真正**寬恕了他們。

這才是道地的寬恕，也是《奇蹟課程》的中心主旨：我們若要寬恕，必須看出他人的攻擊並沒有傷害到自己。身體雖可能受到侵害，但我們並不是這具身體。我們必須不再視自己為一具失了心的身體（mindlessness），轉而認同「心靈」這個屬靈的身分（mindfulness），這才算是真寬恕。是的，人們有可能傷及我們和我們所愛之人的身體，也可能損及我們的存款、房屋或車子，但他們做這些事並非衝著**我們**而來。這對小孩來說，自然不容易，但《奇蹟課程》並不是寫給小孩看的，它是寫給**靈性**之子看的。唯有我們日漸成長，直到有一天明白了「扛著受害與受虐的擔子實在不值得」，我們才會真正放下它。

現在再回到耶穌的信息吧。耶穌告訴比爾，他的

「教書恐懼症」源自於他尚未寬恕他的父母。當比爾說，早年的創傷使他無法站在講台上教書，這種說法無異於指控他的父母：「都是你們害的，只因你們偏愛姐姐，又毀了我生平第一個辦公室、踐踏我男性的尊嚴，我今天才會沒辦法教書。我所受到的傷害，就是你們的罪狀。」當我們念念不忘自己的故事，一次次地細數別人的罪狀時，我們就是在作這種控訴。

耶穌再次借用比爾的例子來告訴我們每個人：

> 比爾多次提及這件事，足以顯示這個妄見在他扭曲的思維中具有舉足輕重的地位。

讓我們好好捫心自問一下：同一個故事你說過幾遍？某個家人跟你有過節，你便打電話向其他親人大吐苦水；辦公室裡某位職員不通人情，你就到處向其他同事抱怨；挨了老闆罵，於是，每見一人你就訴苦一次。愈多說幾次傷心故事，心裡就愈舒服，只因你已鞏固了「我是受害者」這個妄見。我們常常這樣反芻兒時的慘痛經驗。然而，之所以緊緊抓住不放，正意味著它對我們多麼重要。容我再強調一次，我們無法為他人施加在我們身上的暴行負責，我們所該負責的，是自己「對號

入座」的傾向，認為他人的行為是衝著我們來的；事實上，那跟我們一點兒關係也沒有。

耶穌接下來轉到「心理治療」的主題。事實上，這個信息可套用在心理治療、師生與親子關係上。表面看來，治療師與病患、師生間，以及親子間，角色既不相同，也不對等，但若由「正見」的角度來看，所有的心理治療、傳道解惑與養兒育女，都恰恰為我們證明了，這些不對等的關係其實只是暫時且虛幻的表相而已。

> 心理治療的根本目標和真知〔或者說實相、
> 真理、天堂與上主〕可說是一致的。一個人
> 只要甘願透過別人的眼光來看待自己，他就
> 不可能活得自在。

孩童時期，我們不能不透過父母的眼光來看待自己。問題是，我們長大之後仍然不願卸下這些看法，這才是癥結所在。比爾的父母確實錯待了他，然而，是比爾自己一直抓著那些妄見不放，漸漸吸收成為自己的看法。因此，耶穌要比爾及我們每個人學習「放下」。說真的，這樣緊抓不放的「執著」毫無道理可言，純粹在為小我的觀念撐腰——我是無辜的受害者，我會活得這

麼苦、事情也做不好，通通不是我的錯。

　　這迫使他**不得不**借助其他光明去認識自己。

　　後半句出自《奇蹟課程》第三章（T-3.V.10:8）。比爾借助父母和旁人對他的偏見及錯誤評價等等「其他光明」來認識自己。我們也不例外，總是很難擺脫世間的眼光。然而，我們最需借助的「其他光明」，就是採納耶穌的眼光來看待自己；我們一旦自動放棄他的慧見，隨後又忘了這是自己的選擇，當然只好網羅別人的眼光來填補這個自我認同的空洞了。

　　孩子的形象並不是父母打造出來的……

　　每個孩子打從一出生，他的自我形象就已成型。由於心理學家的推波助瀾，父母自覺應對孩子負責，這種想法不僅成了所有父母最沉重的心理負擔，也是孩子們最喜歡維持的假相，這就是為什麼孩子長大後會針對這類主題寫出一本又一本「有學問」的鉅著。事實上，孩子造訪人間之初，就帶著發展得相當完整的小我了。它說：「我會存在人世間，都是你的錯！」說穿了，小我的詭計就只有這一句話：我是「被」你生下來的，何責之有？換句話說，「我是無辜的受害者」。這正是每個

人生來賦予自己的形象。由此可知，父母並沒有造出這一形象，至多只是強化了這個形象而已。同樣地，我們也不時在為彼此鞏固小我。話說回來，我們既有本領助紂為虐，當然也有同樣的本領增強聖靈的勢能。

> 孩子的形象並不是父母打造出來的，雖然父母確實可能用孩子賦予自己的形象來看待孩子。然而，我們先前說過，你不是那個形象！要是你決定為製造形象的小我**撐腰**，你不過是在崇拜偶像而已。

換句話說，我們自己打造的形象只能算是一個「偶像」，企圖用它來取代上主。我們以這個「動輒得咎」的形象取代了上主賦予我們的真相，也就是純潔的靈性、完美之愛，以及與上主一體不分的神子。我們還進一步邀請身邊的人幫助我們鞏固這個小我形象。〈正文〉最後一章講得很清楚，自性既非概念，也沒有形象（T-31.V），我們卻常用小我最崇拜的個體性取代基督的純潔自性。

> 比爾實在沒有理由一直抓著**任何一個**自我形象不放。因為，他根本**不是**一個形象。

我們全都如此，既不是一個形象，也不是我們拿來取代上主所造的神聖自性那個偶像。我們先用偶像取代了真相，而後順勢忘了自己所幹的好事，虛構出一個無助且無辜的可憐生命，被父母糟蹋了，只因父母跟世間其他人一樣，都認定我們只是一具身體，上主為我們打造的完美意象就此好似被父母打入了地獄。我們記不起這一切，因為我們杜撰出的這個生命，出生時頭腦根本還沒發育完全，哪有本領做出這種事呢？於是，一切矛頭都指向父母，都是他們的錯！耶穌想要提醒比爾及我們每個人：我們心裡總抓著這類遭到父母誤解或糟蹋的童年經驗，只為了證明自己的不幸全都不在我。是的，我確實有問題，但那不是我造成的。我們始終以這個自我為傲，在這特殊性的我之祭壇前死命膜拜。

耶穌再次強調：

他不是一個形象。真實的他是徹底的善。**看清**自己這個真相何其重要，然而，要是他寧願視自己為脆弱且可**被**侵害的，他就無從認識真正的自己了。

只要我們還認為自己會遭他人所傷，則無論那些事

發生在過去、現在或未來，我們都不可能憶起自己的眞實身分。因此，寬恕的要旨，其實就在於寬恕他人「不曾」做過之事。而今，全世界的人都同意「父母難免會傷害自己的孩子」，這使得親子關係成爲小我眼中最大的藉口。這可說是人間最大的「迷思」了。即便我們理性上相信《課程》所言，心裡卻不僅不願意改變「自己是無辜的」這個概念，而且還認定自己隨時都在承受父母及其他權威角色的戕害。

> 這是一種狂妄自大的表現，其中的自戀程度
> 表露無遺。

別忘了，比爾跟海倫都是心理學家，因此耶穌在這裡套用了心理學的專用術語。**自戀**（Narcissism）一詞，來自希臘神話人物「那西塞斯」（Narcissus）的故事，他愛上了自己的水中倒影而沉醉不已，腦中盤繞的只有自己和個人的私欲。耶穌這裡說的狂妄自大，指的即是比爾和我們每個人共同的心態：決意把自己視爲屢遭他人小我傷害的脆弱生命。這種心態顯然充滿了自戀情結，好似周遭的一切都是衝著自己一人而來的。要知道，父母也有自己的小我，不可能不投射出來，與我們並不相干，但我們不願客觀去正視，只因小我一味把自

己當成其他人的世界獨一無二的中心，才會認為他人做的某事都是衝著**我**來的。我們渴望成為「眾所矚目」的焦點，一旦沒能得逞，便理所當然地惱羞成怒。雖然**自戀**一詞在心理學上屬於特殊病例，但耶穌一針見血指出，我們全是自戀狂，只因我們老是認為每件事情都是衝著我們而發的。

耶穌接下來直接向比爾說，他的父母也有他們自己的小我：

> 比爾，你的父母確實對你多所誤解，只因他
> 們的認知能力已遭扭曲。他們的錯誤觀念使
> 他們看不見自己的真相，然而，你沒有理由
> 讓這個狀況阻礙你發現自己生命的真相。

比爾實在沒有理由聽憑父母偏曲的看法障礙了自己的認知能力，因而看不清自己的真相，也憶不起真知為何物。比爾的「抉擇者」認定「我的父母誤解了**我**」，然後抓著這一解讀不放。我們能夠理解，對於一個遭到父母排斥的孩子來說，當然是件痛心之事，孩子也會因而感到自卑。但問題是，比爾已經不再是當年那個小孩了，我們都長大了。為此，耶穌提醒我們，現在已是我

們成熟、卸下小我的時候了，我們可以活得如他一般。

　　你依然堅信他們**真的**對你做過這些事。這個
信念嚴重危害了你的觀點，也會徹底摧毀你
的真知。

　　所謂的**真知**，指的是我們的基督自性。「別人能傷
到我」這種信念不僅扭曲我們的知見，也使我們忘卻自
己的真實身分。換句話說，只要一個人還頑固地認為別
人對他造成了傷害，而且死也不肯放下的話，那麼，他
是無從了悟自己本有的基督面目的。

　　你對父母的心態是如此，你對朋友也是如
此。

　　一旦人們堅信父母傷害得了他，一定也會認為所有
的人都會傷害他。沒有錯，我們對「某個人」所抱持的
信念是不可能不推及「所有人」的。我們或許對這種心
態渾然不覺，然而，「聖子奧體」本是一個生命，因
此，我們對某一個人的看法就等於對全體的看法。於是
乎，不論是在念頭或言行上，我們就更有理由待他人不
義，以防他人**再度**對我們不義。

　　受虐的孩子長大後會成為施虐的父母，這種觀點幾

乎已成心理學的定律。假使一個人擺脫不了童年的傷痛，日後當他為人父母或長輩，必也擺脫不了這種心態，過去的傷痛會迫使他無法善待晚輩和下屬。這個人扮演什麼角色非關緊要，父母、親屬也好，上級也罷，只要他還抓著傷痛不放，便會身不由己地依樣畫葫蘆——受虐者必成為施虐者，也許明著來，也許暗裡去，只因他認定自己已受到了傷害。

你始終覺得自己**不能不**針對他們的錯誤做出
反擊，因為這些錯誤在你心目中真實無比。

換言之，只要我認定自己受到了攻擊，勢必會反擊回去，這就落入了攻擊與防衛的惡性循環：我因為受不了心中的罪惡感而攻擊你，然後認為你絕對會伺機回敬。我忘了是自己先發動攻擊的，眼中卻只見到你的還擊，於是保護自己成了天經地義的事。〈練習手冊〉第一百五十三課「不設防就是我的保障」提到了此一循環，它說，其實是我們先攻擊了自己，但我們故意忘了，還順勢將它投射出去，轉身攻擊外頭的人，而且一副理直氣壯的模樣，因為我們的眼睛只看得到別人的攻擊。比爾其實暗地裡希望父母偏愛姐姐而不疼愛他，他也希望父親來「毀了」辦公室，只因這一切是在他潛意

識裡運作的，以至於完全覺察不出箇中曲折。我敢這麼說，是因為我先前已提過，我們每個人其實都跟比爾一樣，唯恐自己忘掉，因而一遍又一遍不斷述說自己的遭遇，一心只想證明是父母排斥在先，他是不得已才會有這些反應的。

　　這種自我毀滅的反應方式，無異於**承認**他們對你的錯誤評價是對的。

　　是的，說穿了，我們內心其實**贊**同他們的錯誤評價，因為我們打心底認為自己不是個好東西。我們先判定自己是一個軟弱無能的帶罪之身，因而認為別人必會用這種眼光看待自己、對待自己。在種種互動中，我們永遠只看到別人的攻擊，卻看不到自己不停地發動攻勢。

　　沒有人有權利隨波逐流地改變自己。

　　為避免混淆，我來解釋一下耶穌所說「**權利**」的意思。一般說來，我們確實有自由選擇的權利，但耶穌的意思是說，我們沒有道理單憑別人對我們的所作所為而改變自我形象。別人今天這樣對待我們，明天那樣看待我們，跟我們的自我形象壓根兒毫無關係，只因自我形

象不是來自外頭，它並非依附於別人對我們的喜愛或憎惡之感。確切地說，我們的自我觀感完全取決於**我們**決定怎麼看待自己。

> 你必須謹守你的**本分**，絕不接受或認同任何人對你的錯誤看法，包括你對自己的錯誤觀感在內。

這也是我們的任務。耶穌說，絕對不去附和別人對我們的錯誤認知，這就是我們的**本分**。別人怎麼看待我們，那是他們的自由，與我們無關，除非我們自己甘願採信他們的看法。這也表示，問題不在別人說了什麼或做了什麼，問題在於我們**自己**怎麼去看他們的作為。外在的攻擊對我們產生不了作用，除非我們多少感到自己「理當受罰」。

耶穌接下來話鋒一轉，具體切入比爾教學上的困境。說到這裡，大家不妨留意一下，我們**無時無刻**不把自己的不適與不安歸咎於外在的處境，好比說，「這種鬼天氣真讓人不舒服」、「世界這麼亂，教我怎能安心呢」、「不是我愛生氣，是老闆沒有照約定給我加薪」……。因此，耶穌告訴比爾：

假使你只關心那些無謂的細節，好比教室的
設備、學生的人數、上課的時間……，不論
你選擇哪種因素來支撐你的妄見，你都無從
了解你與他們**每一個**人際互動的真正目的。

是的，每一個人際間的互動，目的無他，僅僅在於
提醒我們，我們原是同一個生命。然而，只因我們太害
怕這個真相了，於是把恐懼轉嫁到其他具體的事物上，
我們心裡有數，那些細節會如何盤據自己全部的注意
力。好比說，我們籌畫晚宴時，希望一切盡善盡美，刀
叉的順序不得有誤，否則整個晚上便功虧一簣；要前往
一個重要的面試，服裝可得一絲不苟，髮型與裝扮都得
講究一番，領帶也必須打得不偏不倚。我並不是說外表
不重要，無需因時因地制宜，我說的是，一旦我們過於
執著細節，認為面試的目的是為了討份工作，而不是藉
此體驗彼此的共同利益時，我們便錯置了此行的焦點。
邀請朋友共進晚餐的目的，並不是為了展現自己的廚
藝、裝潢的品味，也不是為了讓賓主盡歡，而是藉著這
個機會彰顯彼此先天共有的生命本質。以教課為例，倘
若所有的重心都擺在耶穌列舉的那些細節，我們便忘了
教書的真正目的，原是向學生示範我們與學生本為一體

相通、分享同一志趣，也就是學習同樣的寬恕功課。

這個觀念適用於一切人際關係。為人父母若只在乎孩子在學校或客人面前的表現是否得體，就等於忘了養育小孩的真正目的，也就是活出「家人的一體生命」；而如果你真的將目標放在這裡，你自會告訴孩子，上學的目的不在亮眼的成績，在校的表現其實無關緊要。這並不是說，你不用協助孩子的課業、無需鼓勵他們學習；重點在於你傳遞給孩子一個重要觀念，教他明白自己與其他人無二無別，他的自我價值也並不依附於外界的評價，如同我們在〈正文〉讀到的，這一段原本是給比爾的信息：

> 你的價值不是靠「教或學」來評定的。你的價值取決於上主。只要你對此還有異議，那麼，不論做什麼，你都會戰戰兢兢，尤其當你面對任何可能激起優越感或自卑感的環境。教師必須耐性十足地重複所教的課程，直到學生學會為止。我心甘情願這樣做，因為我沒有權利為你的學習過程設限。容我再重複一次，你的所行、所思、所願或所造，都不足以評定你的價值。（T-4.I.7:1~6）

　　從這些早期的信息可以看到，耶穌是在給海倫和比爾臨牀示範，教他們如何將《課程》裡比較一般性的原則具體應用到個人生活中。耶穌也希望所有的學員都能這樣應用，為此，他給了我們一部〈練習手冊〉（順便一提，耶穌給比爾這份信息時，還沒筆錄到〈練習手冊〉的部分）。〈手冊〉即是將〈正文〉的抽象原理具體應用在日常生活裡。耶穌想要告訴我們，我們成天操心的生活細節其實無關緊要，它們只是來教我們看出人生瑣事背後的共通目的，那才是關鍵所在。

　　學生和老師之間的差異**不會**久存。他們的相
　　遇只為了消弭差異。

　　不論碰到什麼問題，最大的挑戰就是如何在**表面形式**維繫一貫的品質，卻又能不悖離**內涵精神**。比方說，假使我們為人師表，便得準備教案、安排教程、維持秩序等等。我們在某種形式下善盡職責，但心裡清楚實質「內涵」才是我們真正的焦點。既非藉機展現聰明才智，或故意凸顯自己的不足，也不是要讓學生愛戴或敬畏我們。我們的目的只有一個，就是證明師生間的差異純屬虛幻不實，而後試著將此原則應用到**每一個**角色與關係上。可以說，每一段人際關係都是「神聖會晤」的

具體呈現，不論我們認為這個關係重要與否，它都可能發展為一個「神聖會晤」的經驗。

　　由於我們還活在時間領域內，因此我們相聚〔於課堂〕之初，彼此在能力與經驗上確實是有差異的。

　　老師與學生之間是如此，治療師與患者，服務人員與客戶，以及父母與子女之間的關係，亦莫不如此。一開始，雙方顯然是無法平起平坐的。

　　教師的目標就是將他目前的優勢能力授予學生。

　　老師給出他們目前優於學生的智慧和成熟。所謂「給出」，不過是親身示範出來，學生自會在互動過程逐漸認出自己內在的智慧與成熟，如此，師生之間的「不對等」就這樣化解了。

　　〔〈正文〉的「奇蹟原則」〕開卷之初就提到，所有奇蹟心態都隱含在「多者給予少者」這一互動過程當中，老師（或奇蹟志工）透過這個過程拉近自己與學生之間的距離，學生和老師平起平坐，老師同時也從中

獲益。

耶穌所說的其實是他自己的教學方式（T-1.II.3:5~13；
T-4.I.6:3）。所有的教學目的，不過是解除學生對老師的
需求，而這個觀念也同樣適用於親子這類有長幼尊卑之
別的人際關係。

> 然而，雙方所獲得的東西並不一樣，這是因
> 為他們的需求本來就各不相同，這點我們常
> 搞錯了。假使他們需要的是同樣的東西，那
> 麼，他們當前扮演的角色就不會為雙方帶來
> 利益了。**唯有**當老師與學生**雙方**不以尊卑高
> 下的觀點來比較彼此的需求和角色，這時，
> 他們才能免於恐懼。

在形式的層次上，關係中「不對等」的差異乃是
正常現象。比方說，心理治療師需要金錢以維生，而
患者假定治療師能治療問題而找上門來。在此，我們
不妨回顧《課程》的一句話，它在〈正文〉與〈練習
手冊〉中都說過：「*愛是從不比較的。*」（T-24.II.1:1；
W-195.4:2）可惜，我們總是習慣性地根據外形的差異去
作比較，而且這種習慣已儼然成了一種癮，為此，耶穌
才會如此提醒我們：

唯有當老師與學生〔治療師與患者，父母與子女〕**雙方**不以尊卑高下的觀點來比較彼此的需求和角色，這時，他們才能免於恐懼。

再強調一次，雖然世間處處充斥著高下之分，有人發號施令，有人聽從命令，但這僅僅是表相上的差異而已。我們必須了解，外在需求雖有不同，但本質上每個人全都一樣，有著相同的欲望、目的和理想；每一個人的問題都一樣，解決方法也只有一個。我們必須由人與人之間的具體互動去學習這個課題，好比老師與學生，治療師與患者，父母與子女這類人際關係；正因為這些關係呈現出雙方的「不對等」，遂成了最好的練習教材。話說回來，擁有權威的一方有責任讓對方看出他的「權威」並不重要，因為不論是居上位還是下位者，只要有「愛」與「敬」，就不成其為問題。一切的關係所要教以及所要學的，全都不外乎此。

耶穌接下來又把焦點轉回親子關係。比爾害怕上台教書，這與他不肯放下孩提時代的怨尤有直接的關聯。可想而知的，即使比爾為人父母，也必然會在這個權威角色上出現問題的。

　　一般人總認為，子女必須向父母學習，其
實，為人父母者也應該從子女身上學習，兩
者不過在角色或層次上有所不同而已。

　　這裡的「而已」二字十分重要。形式上或許不同，
但實質內容並無二致，都是為了讓我們明白，我們的分
裂心態早已受到了寬恕。

　　終究說來，學習並沒有層次之別，但這僅限
於真知的範疇。

　　這個虛幻不實的「知見」世界的確有層次的分別，
它與天堂的「真知」境界不可同日而語。父母比孩子年
長，比孩子成熟，自然在親子關係中擁有權威，除非他
們把權威讓給孩子。事實上，孩子也挺擅長於接掌這個
權威的。我們其實是同一生命，因為上主眼中的我們根
本無二無別，祂只認得**這一個**聖子。這「一個」生命
在正念的眼中，不過是指：我們都有同一個分裂的心
靈──小我，聖靈，以及在此二者之間作選擇的抉擇
者。

　　父母或子女任何一方都不可能**擁有**真知，否
則他們就不會呈現出層次高低的分別相。老

師與學生之間的關係亦然。一旦孩子認為他們的自我形象**受到**權威的操控，他們就免不了會產生**權威情結**。

《奇蹟課程》說的**真知**，相當於「實相」以及天堂的「一體之境」。倘若我們已活在真知之內，世間就不會有這類親子關係了；我們既不會活在一具身體內，也根本不會存在人世。在這個五蘊六識的娑婆世界裡，我們以兒童的身分展開生命的旅程，也深信自己是整個教養過程的產物，為此，每個人或多或少都有同樣的權威問題。人們總認為自己的某些問題是源自於兒時的創痛，於是，我們常聽人這麼訴苦，自己也不時抱怨：我當然會有學習障礙，小時候放學回家，爸媽看我成績不到九十分就會痛罵一頓；小學時被老師當著全班的面羞辱，我才會對讀書沒興趣；從小沒錢念書，爸媽也不疼我，根本沒有機會好好學習；我現在心理有毛病，全是因為我有個破碎的童年……。想一想，這類歸咎於童年的「解釋」，大家都很熟悉吧。

這種思維模式其實來自一個大於「我」的力量，那就是抉擇者與小我的聯盟；兩者一旦結盟，我們就只能被牽著鼻子走了。世間的親子及所有人際關係都是小我

龐大陰謀所佈下的局，它企圖用這些關係把我們打入
「失心狀態」，以便把自己的處境怪罪到他人頭上。為
此，我們不願放下自己的心障、過去的傷痛以及失敗的
經驗。雖說世間沒有完美的人，但真正的癥結在於我們
死抓著問題不放：我們渴望當個受害者，且相信自己的
生活受制於外在力量（T-19.IV.四.7:4）。

　　柯爾律治的《古舟子詠》〔譯註〕描寫一名水手的
故事。這名水手射殺了一隻大海鳥「信天翁」，久久
無法釋懷。這首詩歌一開始是這麼說的：「這是一個老
水手的故事，一天，他遇到了三個人，他攔下其中一人
開始喃喃訴說心事。」他每遇一人就述說一次。我們也
一樣，老是在訴說自己扛在肩上那頭信天翁的故事。其
實是我們的罪惡感在驅使自己，只是，我們聲稱錯不在
己：我的遺傳基因不好，能力自然不如人；我的父母人
格有缺陷，我才無法維繫良好的人際關係。請看看，我
們的「信天翁」長的樣子雖有不同，但本質全都一樣，
一心一意都只是想規避責任。

〔譯註〕柯爾律治（Samuel Taylor Coleridge, 1772~1834）　英國浪漫主義
　　　詩人、文評家。敘事詩《古舟子詠》（*The Rime of the Ancient
　　　Mariner*），描寫在海上的一個老水手違反生命法則，隨意射殺
　　　一隻信天翁所遭到的懲罰與懺悔。

這種權威情結全是出於自己的意願，只因人
們有意曲解權威，而後將此力量**拱手讓人**。

這個「出於自己的意願」，指的就是抉擇者。換句
話說，是我們自己主動把權力拱手讓人，是我們自己
甘受操控的；至於作出這個決定的，可不是頭腦發育
未全的娃兒，而是一個心識發展完整的小我。不知打從
何時，我們便已為自己寫定了這些劇本，生生世世不斷
重溫類似的情節，只不過在他生他世，我們可能交換角
色，扮演起父母等等權威角色而已。

別人的權威或許操控得了我們的身體，卻一點也控
制不了我們的心靈。這就是為什麼說這部課程談的是
「心」，非關乎「身」。唯一能管控我們心靈的，不
是耶穌，也不是上主，而是自己——**我們**擁有自主權，
我們就是抉擇者，我們可以自由選擇接納或抵制上主之
愛；當然，我們也能選擇蒙蔽自己，以為自己已經成功
地擋住上主之愛，儘管其實什麼也沒發生。我們誤用了
心靈的力量，拿它來抵制自己的罪惡感；我們貶低了這
個抉擇的力量，把權威投射出去，雙手奉送給外頭各種
權威角色。我們就這樣開始編織自己的夢，扮演一個無
助又脆弱的孩子，任人擺佈，飽受父母和社會的摧殘。

　　1908年，佛洛依德寫了一篇鮮為人知的文章，名為〈家庭羅曼史〉。我一直很喜歡這個標題，因為它聽起來純真無邪，不過內容卻大異其趣。我在此摘錄了他開頭的一段話，原本的英譯有欠通順，故我做了若干修改：

> 成長過程中，必須掙脫父母權威的束縛，這是成長路上最痛的代價。這一自我解放非但是必須的，而且理當發生，我們可以這麼說，只要是正常人，或多或少都需要經歷某種程度的解放。〔原註〕

　　佛洛依德的意思是，要想成為正常人，必經之途就是「擺脫」父母的權威，但他不是叫我們去「反抗」權威，而是要我們認出，父母根本沒有操控我們的能力，他們沒辦法指使我們活成什麼樣子，耶穌要告訴比爾的也是這個道理。換句話說，我們必須長大，由父母的權威中解放出來。當初，是我們將自己的主權奉送給父母，任由他們誤導我們，之後我們再順理成章地將他們

〔原註〕〈家庭羅曼史〉（*Family Romances*）　摘自《選集》（*The Collected Works*）第9卷，PP.235~241。

的誤判當作事實。佛洛依德所有的著述都暗示這一點：除非化解我們與父母之間的權威問題（也就是戀母情結），否則我們永遠無法自由，即使外表像個大人，心裡其實還是那個從未長大的小孩。

上述之理論及方法，就具體實踐的層面而言，耶穌雖與佛洛依德大不相同，但兩者的基本內涵卻如出一轍。佛洛依德針對我們個人的夢境所提出的「戀母情結」，正是耶穌在《課程》所說的愛與恨的特殊關係之根源，那也正是有待我們寬恕的癥結。耶穌告訴比爾，要是他繼續執著於過去的錯誤觀念，就不可能寬恕當下此刻；而他若想寬恕過去，就必須寬恕他在此刻對父母的錯誤觀念，這是因為有待寬恕之處其實只有一個，因此，無論從哪一頭下手都一樣可行。耶穌幫助比爾看出，他至今仍緊抓不放的妄見對成年後的自己實在影響深重。好比說，他不當的待友之道，便是「父母沒善待我」之感所直接造成的後果。事實上，並非父母沒善待他，是**比爾**不當地利用父母，將自己內在的選擇合理化，然後把責任推得一乾二淨。他童年養成的模式一直運作到現在，而這已非關過去之事，**當下此刻**，他得作一決定了。

> 權威情結未解的**老師**，不過是個拒絕教人的
> 學生。

這句話也可以改成：權威情結未解的「父母」，不
過是個拒絕教養下一代的「孩子」。權威情結未解的老
師與父母，很可能刻意迴避所有應該行使權威的機會，
如同比爾拒絕上台教書；但也可能變成另一種極端，成
為獨斷蠻橫之人，對學生嚴苛且專制。然而，不論哪一
種極端，其實都是「拒絕施教的孩子與學生」罷了。說
到究竟，我們這一生真正需要教導的乃是寬恕、愛，以
及共通的利益，這才是終結權威問題的根本之道。

> 他〔權威情結未解的老師〕其實希望別人繼
> 續苛待他、誤解他，他才能繼續堅稱自己受
> 到了權威的殘害，而理所當然地痛恨施教。

比爾當年也很害怕與學生接觸，擔心學生會攻擊
他、誤解他。他會這麼想，只因他不肯放下潛藏的攻擊
心態，他才能理直氣壯地怨恨下去。假使我們不肯釋放
這類幼稚的行為與妄見，這種模式便會延伸到成年的生
活。由此觀之，「為人父母」這個課題必能帶給我們莫
大的幫助，因它已成了我們寬恕父母的絕佳途徑。

耶穌接下來這句話，以前也跟海倫說過：

若 想 從 荒 漠 這 類 詭 異 之 地 脫 身，**唯一**的 方 法
就 是 起 身 離 去。

耶穌說過：「應付沙漠的唯一辦法，就是**離開**。」
〔原註〕因此，當你認出小我思想體系這一片荒漠時，
捨它而去吧。你根本無需分析它、寵溺它或打壓它。你
只需淡淡地說：「我再也不想要這種東西了。」它就消
失了。

唯 有**全面拒絕**以 任 何 形 式 參 與 這 一 錯 誤，並
且 釋 放 它 所 牽 涉 到 的**每一個人**，你 才 得 以 離
開 這 片 荒 漠。

是的，離開「咎與恨」這片荒漠的唯一途徑，便是
收回我們現在和過去放在每一個人身上的投射，釋放他
們，不再鞏固那一錯誤。耶穌後來也在《課程》中告訴
我們：找到真理的方法，就是「否定對真理的否定」
（T-12.II.1:5）。換言之，對耶穌說「是」，無異於對他
說「不是否」（T-21.VII.12:4）。過去，我們根據別人的

〔原註〕《暫別永福》（*Absence from Felicity*），P.236。

妄見來建立自我形象，如今，我們正視這個錯誤，對它說：「這不是眞的，我再也不玩這種投射的遊戲了。」只要我們願意接受耶穌告訴我們的眞相，再看看我們在父母及世界眼中的形象，兩相比較之下，我們自會看出，哪個比較正常健全，哪個比較瘋狂蒙昧。自此，我們大可選擇神智清明的眼光，也就是上主之子的健全形象。

除非師生任何一方把學習當成了攻擊的武器，他們才會為之所困。

上台授課一事深深困擾著比爾，而他的因應之道就是乾脆不教書，以爲自己能僥倖逃脫「學習」的牢籠，只因他的小我告誡他，這類學習會奪走他「無辜者的面容」。結果，他反而深深陷入攻擊的牢籠，一舉一動完全被操控了。

即便他抵制了所有的教學機會，不論他是老師或學生，只要他還將學習當成攻擊的把柄，自然難以由過去脫身。

為此，我們可以這麼說，老師〔或父母〕的角色最能帶領自己與他人走出這片荒漠。

　　父母的任務就是帶著自己與孩子一起走出這片分裂的荒漠，不再賦予孩子操控你的力量，也不再認為自己有權力掌控孩子。父母最為不智的地方，莫過於讓孩子左右了你的生活。只要看到父母的耐心被孩子磨光而發脾氣時，你就知道父母已把自己的力量轉移到孩子手上了。請注意，我並不是說，不該給孩子設限制、訂規矩，這兒要說的是處罰的心態。當你生氣時，不妨細察一下，便不難發現孩子心裡有一抹詭譎的笑容，他竊喜著：「萬歲！我又得逞了！那個神明被我激怒了呢，我贏了！」這可是孩子的拿手把戲，先把我們誘入他的沙坑遊樂區（sandbox），我們因眼睛進沙而心生不甘，立即往他的眼睛丟一把沙，最後，大家搞得一身髒。小我愛極了這類遊戲，因為，每玩一次，就等於又挑釁了上主一回，重演那個瘋狂的念頭：「我把上主拖下水了！」我們只需讀讀《聖經》，便會發現裡頭的神是怎麼攪進我們罪咎的沙坑裡的，這就是為什麼《聖經》裡的神和耶穌這麼吸引世人，因為祂們的參與證明了這個分裂與罪咎的世界果真存在。

　　進一步說，為人父母最明智的作法是什麼呢？就是不參與沙坑裡的混仗。再強調一次，這並不是要我們放

棄原則、放棄適度訂立規矩與紀律。我要說的是，在遊戲中，我們每回失去了平安，孩子就獲勝了。事實上，孩子也輸了，整個聖子奧體（Sonship）都輸了；甚至，在我們進沙的眼光下，上主也輸了。這門必修卻難修的「親子關係」所要教導我們的是，不論是誰讓我們生氣，小孩也好，大人也罷，**大家**全都輸了。

剛剛說到，小我最洋洋自得的就是，它發現《聖經》裡頭的上主是會發怒的，「你瞧，**我們**多麼有本事啊！」《聖經》中最「有本事」的不是上主，而是**我們**，「看看我們能誘使上主做出什麼事！」這在「無明亂世」第三條法則（T-23.II.6）也講得很清楚。這就是為什麼我們會痛恨真正的上主，鄙視真正的耶穌，只因祂們從不參與我們的沙坑遊戲，上主甚至連沙坑都沒看到，為此，我們怎麼也不願寬恕祂們。耶穌在下面這句話講的正是這個意思：

> 寬恕你的天父吧！將你釘上十字架絕非祂的旨意。（T-24.III.8:13）

我們真正需要寬恕上主的，即是上主並沒有參與罪咎與死亡的沙坑遊戲，祂也沒有迫害過任何人，這是我

們需要寬恕上主的地方。耶穌在〈正文〉裡請我們寬恕他（T-19.IV.二.6:4），也是同樣的道理。需要寬恕的，並不是被塑造爲「冷峻無情的偶像」那個耶穌（C-5.5:7），而是慈愛的耶穌，他識破了我們的生存幻相，知道這不過是一場夢，而他的生命實相根本不在夢境裡。正因如此，他關切的從來不是夢裡發生的事件，他不會去管哪個人先丟沙子、哪個人受了苦，或哪個人不久人世。他只希望，像孩子般胡鬧的我們能夠早日長大成人，試著站起身來，走出這個沙坑，活得像他一樣。這是他要給比爾以及我們每個人的真正信息。

若要成爲懷有「正念」的慈愛父母，關鍵即在於此。我們不再賦予孩子力量來左右我們，萬一我們眞的受了影響，寬恕一下自己即可。這些事件不必引發我們的罪惡感，它們是在給我們一個學習的機會，僅此而已。在我們被孩子搞得心煩意亂之際，願我們記得，我們的憤怒與孩子一點關係也沒有，正如同比爾的苦惱並非來自父親破壞了辦公室，其實，那件事乃是出自比爾的盼望。我若因爲孩子的所作所爲而生氣，表示我暗地裡也希望他這麼做，如此，才能證明奪走我平安的是外頭的事件。我想把自己的不安歸咎到兒孫身上，要他們

為此負責。我們會生氣、不耐煩或感到不堪重擔，全都是因為這個緣故。何況，孩子更希望讓我們感到他的「不成材」都是我們造成的；於是，「內疚」與「歸咎」的二重唱就這樣上演了，父母與孩子匍匐於沙坑裡，向對方互丟罪咎之沙。我們每個人都是這個遊戲的天生好手。

容我重申一下，「父母對子女負有責任」這種觀念乃是世間一大假相，因它忽略了一個事實：孩子是帶著自己發展完整的小我來到人世的。倘若我們認為自己能夠左右孩子的未來，這也是一種不仁不慈的傲慢心態。我們確實管制得了他們的身體，但他們的心靈絕不受限於我們的教養或對待──決定自己生命走向的，正是一顆能夠抉擇的心靈。

假使我們覺得自己對子女負有責任，我們等於犯了一個毛病，而那正是耶穌在《課程》一再提醒的：切勿貶低了心靈的力量。倘若我們覺得孩子的神經質、精神病、問題人生，都是我們的錯；他們成不了龍與鳳，甚至嫁錯郎、入錯行等等，一一莫不是我們的責任，那麼，我們等於在告訴子女，他們多麼軟弱無能，他們今天的種種結果都是我們造成的，我們真是失敗的父母。

如此一來，子女再也沒有一絲迴轉的希望，因為我們給了他一個根深柢固的觀念：他沒有重新選擇的能力。

　　因此，父母真正的職責所在，就是要記得我們充滿了心靈的力量（mind-ful），而不是一具失了心的身體（mind-less），子女得以從我們的生活示範憶起他自己跟我們一樣的真相。再重申一次，每當我們覺得對孩子負有責任，就等於強化他們的「失心狀態」；反之，若不去回應他們的控訴，等於幫助他們憶起自己屬靈的身分。倘若他們長大後一敗塗地，那也是出自**他們的**選擇。當然，我們無需老是提醒他們所犯的錯，否則等於又掉入罪咎的沙坑。我們只需仁慈溫和地示範一下，自己是怎麼從小我的沙坑中站起來的；同時，我們也得體諒他們起身時的恐懼，他們的小我其實並不願離開沙坑，甚至還想拖我們下「沙」，繼續玩罪咎的遊戲。只需記住，孩子並非我們的責任，我們唯一要負責的，只是自己的反應，這也正是耶穌要告訴比爾的。比爾不敢講授「病態心理學」那門課，並不是父母的錯，他的恐懼乃是出於自己的決定。可以說，耶穌透過這篇信息，不厭其煩地提醒比爾，心靈具有一切力量，他實在無需再將本有的力量拱手讓給父母或學生。

　　為人師表的角色，其重要性不容低估，我欣
　　然為它奉獻了自己的一生，苦口婆心地勸**我**
　　的門徒跟隨**我**的腳步。

　　走出沙漠並帶領弟兄出離是何等重大之事，我們絕
不能看輕這一角色。而所謂的沙漠，指的正是小我的
思想體系；我們唯有親自走出沙漠，才可能引領別人
出離。但是，單憑我們自己，真的難以脫身。為此，耶
穌扮起這一角色，勸告弟妹們離開沙坑，隨他而去。遺
憾的是，〈新約〉及流傳兩千年的基督教傳統反而將耶
穌往下拉到紅塵世界裡。整套神學都建立在這樣的教義
上：上帝派遣他的聖子以肉身的形式來到人間。耶穌在
《課程》中真正要告訴我們的卻是：「跟我一起進入療
癒的心靈吧。請跟我一同站起身來，離開這池罪惡的沙
坑吧。」

　　這表示，門徒**唯有**如我那般活出自己所教的
　　內涵，才能成為有影響力的教師。我卯盡全
　　力，**完全**不借助恐懼來教你，你若不願聽，
　　便不可能不誤解**教學**的意義，它對你永遠都
　　是一種威脅。

　　我先前提過，耶穌這位老師的主要目標，是要卸除我們對老師的需求。一旦我們與他一同站起身來，不願再當個孩子，我們就不需要這位老師了。說得更透徹一點，根本沒有**他**和**我們**之別，「唯一的聖子」才是僅存的。父母、教師或任何權威角色所能做的，就是在扮演該角色的同時，設法卸除那份權威。也就是說，我們試著善用這一「形式」，使它消融於「內涵」的光輝之中；而那光輝，正是結合我們的一體之愛。

　　毋庸贅言，教的本身只是個過程，其目的是
　　要引發我們學的動機。而**每個**學習的最終目
　　的，無非是要摒除內心的恐懼，唯有如此，
　　真知方能顯現。教師的角色**並非**扮演上主，
　　然而，人間的父母、教師、治療師以及神職
　　人員常常混淆了自己的角色，因而對上主與
　　祂的奇蹟一併產生了誤解。

　　記得七八歲時，我因為調皮而挨母親罵，她一邊訓斥還一邊強調「天下無不是的父母」。儘管我小時候十分尊敬母親，仍然覺得她的話大有問題。沒錯，問題就出在母親把她自己混淆成上主了。這件事顯然留給我深刻的印象，因為我仍清楚記得那個時候母親和我所站的

位置，我也記得當時的我還挺機伶的，並沒有回嘴。

我們必須了解，教師與學生之間的不同純粹是個假相。耶穌說，父母、教師、治療師及神職人員都很容易認為**自己**代表某種權威，只因他們在這場夢裡確實扮演了權威的角色。耶穌在〈心理治療〉說得很清楚，聖靈才是真正的治療師（P-2.III.1；P-3.II.3），而聖靈的目標即是協助我們消弭治療師與患者、教師與學生、父母與孩子之間的差異；當然，它指的是實質內涵，而不是外在形式。假相的差異一消弭，聖靈便能袪除我們的「恐懼」，粉碎小我分裂思想體系的基石。

> 一個害怕施教的教師是**無法**學習的，他已被
> 恐懼困住了，所以，他沒辦法真正去教。

一個人最早是透過與父母的互動而學習的，倘若這一互動強化了他內在原有的恐懼，那麼，這個人往後的學習都會罩在恐懼與分裂的陰影下。要知道，我們外在可以扮演某種「權威」（authoritative）的角色，卻無需成為一種「威權」（authoritarian）。只要看看耶穌，便不難了解「權威」與「威權」之間的差別；箇中的關鍵就在於：別把自己混淆成上主了。

比爾說得沒錯，他總覺得《奇蹟課程》是他
上台教書前的必修課，不過，他真正的意思
不止於此。實際上，這部課程是為真知鋪路
的，而這也是**一切**正法的唯一真實目的，它
對身為教師的你唯一的要求，就是跟隨我的
腳步。

比爾說對了，他一直認為在耶穌的引領下，《課
程》必能協助他上台授課。如果說，在這個幻相世界
裡，耶穌是上主一體生命的虛幻倒影，那麼，我們追
隨他，無非是希望自己能夠肖似於他，也為其他弟兄
作最好的示範。我常引述海倫〈致耶穌禱文〉（*A Jesus
Prayer*）這首詩——也可說是我們對耶穌以及自己的祈禱
文。願我們能肖似耶穌，因他象徵著我們的基督自性：

> 我以受到祢祝聖的雙手，
>
> 接下祢的贈禮，
>
> 弟兄們，過來看看，
>
> 我多麼肖似基督，肖似你們。
>
> 祂早已祝福了你們，
>
> 只因你我原是一個生命。
>
> ——《天恩詩集》／暫譯P.82

「我多麼肖似基督，肖似你們」，只因我們是一體的生命；而也唯有選擇以耶穌為師，才可能有此體認，才可能以他為榜樣，以他的精神施教。容我再強調一次，不論我們身為何種權威角色，其目的無非是要我們在**心態**上卸除那個權威地位。即使我們較有智慧，或有較多的知識可以傳授他人，我們仍需對每一個人心存敬意，因為無論是學生、子女或跟隨我們的學員，他們全是上主之子。然而，棘手之處就在於，我們必須在各種「分別相的**形式**」下，教導「合一的**內涵**」。倘若我們真的「心存敬意」，自然就不會攻擊、批判或譴責弟兄，更不會把他們奉為偶像。

> 假使有人認定自己只能扮演**某些**角色而勝任
> 不了別的角色，他**其實**是在為自己找退路，
> 那是行不通的。倘若比爾誤以為**不當**老師，
> 只做個行政人員，或只指導實習醫生，就能
> 解決他的恐懼，他不過在自欺，他不夠尊重
> 自己的才能。

耶穌提到，比爾聲稱某些事他辦得到、某些則不行，這種說法無異於重申無明亂世的第一條法則「幻相有層次之分」（T-23.II.2:1~3）。當然，耶穌的意思並不

是說我們應該無所不能，他強調的是我們的**心態**，也就是我們暗自設定自己做得了某些事卻做不了別的事那種心態。比爾所堅稱的，他可以管理行政事務，當個系主任，也有能力指導實習醫生，就是沒辦法教系上的大學生。為此，耶穌才會一針見血說：「不是你不能，而是你不願。你用這類藉口為自己的陰謀脫罪，以便理直氣壯地指控父母：『我今天沒辦法上台教書，全是你們害的！我的無能就是你們的罪證！』」〈正文〉尾聲所講的就是這個：

> 你所受的苦會讓你看到自己想要傷人的那個不
> 可告人的秘密。（T-31.V.15:10）

因此，比爾的焦慮其實隱藏著他陷害父母的渴望，他想懲罰父母，因為他們誤解了他。

> 沒有比存心自欺更為不幸的事了，因它意味
> 著你自認為一文不值，你寧可聽信這一謊
> 言，也不願接受自己的真相。

所謂的謊言，就是指「我是有缺陷的瑕疵品、能力不足的失敗者」那種自我概念。藏身在那樣的自我概念下，對我們而言，遠比當個完美的上主之子更「值

得」，因為身為一具肉體的我們，肯定是有罪的，不可能是上主創造得如祂自身一般的神子。再者，只要沒辦法像正常人那麼能幹，當初摧毀天堂的兇手便不可能是我們，看哪，事事不如人的可憐蟲哪有這般能耐呢？正因如此，我們寧可自欺，也不願接受自己的真實面目。

> 對於你此生準備好要去承擔的角色，你若非完全勝任，就是一個也做不好。這是一個**全盤皆是**與**全盤皆非**（all or none）的決定。

在此必須釐清一下，世上顯然有些角色不適合我們。比方說，並不是每個人都得當核子物理學家或老師。耶穌所要說的，乃是「準備好承擔」的那個角色，好比為人父母或為人師表這類在**我們**降生前就選定好的角色，結果我們卻堅稱自己無法勝任。這顯然不是我們不能，而是我們「選擇」不能。

> 此一選擇**不容**你做任何等級的區分。你不是能，就是不能。這並不是說你什麼事都能勝任，我指的是，你的心靈不是全然以奇蹟為志，就是完全志不在此，這個決定沒有任何妥協的餘地。

　　請注意，耶穌這段話說的，無關乎「形式」，而是「內涵」──我們若不承認自己是神子，就是小我。**非此即彼**，沒有一絲妥協的餘地。身為上主之子，沒有不可能之事，因為我們不會任憑「故意讓自己失敗而歸咎他人」的陰謀，阻擋了真愛透過我們而流向他人。

　　當比爾表示自己無法教書時，等於犯了一個
　　我們先前提過的錯誤，他彷彿告訴大家，那
　　些放諸四海皆準的法則唯獨不適用於他。

　　這也反映出我們每個人的信念。我們總是這麼想：「耶穌在這部課程提到的真愛、幸福與平安等等普世性的法則雖然可能是真的，卻不適用於**我**，因為**我**永遠也達不到他的目標。也許他知道海倫和比爾的小我還有救，但我的小我，沒有人化解得了。」要知道，每當我們認為自己搞砸了某件事，甚至覺得自己學這部課程「修」得很差，如此一動念，我們就已掉入小我傲慢的陷阱，認為自己比耶穌更懂自己是怎麼一回事。

　　這種想法不只傲慢，而且毫不真實。除非這
　　個人不存在，否則普世性的法則**絕對**適用於
　　他。這是絲毫不容置疑的。

　　所有的神子都享有上主的聖愛，不可能獨漏一人。放諸四海皆準的法則肯定適用於每一個人，否則就不叫普世法則了。請記得，**「非此即彼」**的原則乃是個不爭的事實。

　　耶穌給比爾的信息討論到此告一段落。下一個主題是「爲人父母」，我們會先探討教養兒女的問題。

2 子女教養問與答

　　本章分為三個單元，前後兩個單元主要在答覆學員提出的問題。兩個單元之間，插入〈安全的拱橋〉一文，取材自勞倫斯（D. H. Lawrence）的作品《彩虹》（*The Rainbow*）的故事。

單元一：問題討論一

管束與紀律

　　問：我七歲的孩子不肯整理自己的房間，讓我傷透了腦筋。我很想跟她約法三章，要是她不按規矩來，我就絕對不假顏色，這麼做妥當嗎？我想，關鍵在於我的出發點吧，只要我與耶穌同心，本著愛與她互動，不再重演我與我母親的戲碼，這樣就行了？

肯恩：是的，這種心態很正確。

問：所以，我可以跟她說，要是她不遵守約定，就扣她零用錢之類的，是嗎？

肯恩：只要能奏效，而且你們夫妻倆都覺得心安就好，最要緊的是，務必懷著愛心進行。我並不是說，不用強制規定孩子整理房間，我意思是，切忌用懲罰的心態去應付她的行為。不妨假想一下，學校有兩個數學老師，一位和藹可親，一位冷峻嚴苛。每當孩子算錯時，前者總是溫和地指正，後者則搬出神明來恐嚇孩子，甚至當眾羞辱他們。數十年來的研究顯示，正面鼓勵比負面否定的教導方式更具長期的學習成效，後者只會令人恐懼而已。雖說負面的學習環境也有一定的助益，然而，我們要給孩子的，絕不是那種學習氛圍，因為那只會讓孩子畏懼權威、無法信任權威，甚至激發出一種錯覺跟妄想：等我登上權威舞台的那一天，就輪到我發「威」了。

容我再強調一次，父母**表面上**做什麼，並不重要，關鍵是父母在行為時的**心態**。假使父母會因為孩子房間髒亂而坐立不安，要知道，那是**自己**的問題。可惜的是，父母總是慣性地報復孩子，這對誰都沒有好處。

每個為人父母者，都深深體會「教養子女大不易」，否則這本書就不會命名為《親子關係──世間最難修的一門課》了。當今的親子課程，可說比我們那個年代還難得多，因為社會制約力已不復以往，對權威的尊重也幾近蕩然。不過話說回來，儘管時代如何變遷，文化也另有一番風貌，然而，這門課該學的內涵其實是毫無二致的。

問：在職場上，利用員工的「恐懼」心理，往往更容易達到管控效果。畢竟，我必須要求下屬各盡其責，整個公司才能順暢營運。讓員工「戒慎恐懼」，確實能有效約束他們、快速看到成效。對照之下，為什麼我們不拿這套方法用在孩子身上？只要嚇嚇孩子，房間兩三下就能清潔溜溜，省了多少麻煩。現在，你卻要我們甘願犧牲「形式」，不重表相，即便恐嚇方式看來更能達到效果，也不可屈服於這種誘惑，是這樣嗎？

肯恩：完全正確。長遠來看，「教人以懼」會帶來極大的殺傷力。固然，如你所說的，利用「戒慎恐懼」的心理，確實可以督促人快速達到預期效果。IBM公司不是有個典型的故事嗎？一天，一名新進員工問老闆，是不是非遵守公司的服裝規定不可，每天穿襯衫、打領

帶上班？老闆回答：「如果你想待在這兒工作的話。」
是啊，恐懼會迫使人把工作做好、房間打掃乾淨，但你
同時也種下了「叛逆」的因子。此刻，你之所以願意
「犧牲」眼前的方便，只因你了解「外在形式」與「實
質內涵」的差異。短期效益通常離不開「形式」的層
面，好比工作如期完成、房間整理乾淨、報告準時繳交
等等。

　　反之，你若真正希望子女學習，或真正想培養員工
的，是愛的「內涵」，你自會心甘情願犧牲形式上的效
果。也許他們工作成果不盡理想，房間並非一塵不染，
報告也姍姍而來，沒有達到你的預期。然而，孩子與職
員都會因而明瞭什麼才是「有愛心」，連他們身邊的人
都深受其惠，體會到愛。或許我們不會看到什麼立竿見
影的成效，但是，每個人都藉此成長了。因此，長遠來
講，它的效益顯然更具建設性。不論你是為人父母、師
長或主管，只要你重視「內涵」，遠超過「形式」，你
就能辦得到。《奇蹟課程》所致力的目標，正是教導我
們如何將最能顯出「**咎的形式**」的特殊關係，轉化為神
聖關係──**愛的內涵**。

會痛的愛

問：可否談談「會痛的才是愛」（tough love）這個觀念？比方說，要是小寶寶整晚一直哭鬧，我們該怎麼分辨什麼時候抱他、什麼時候不該抱他？

肯恩：所謂「會痛的愛」，指的是不能不訂立規範且設下限制的愛。真實的愛，是抽象而不拘形式的。我們不妨把愛想像為一道河流，河牀走向或東或西，河道上也偶有石塊或樹枝，然而，不論河牀是哪個走向，河道上有何障礙物，皆無礙於河水的流淌。人與人之間的關係也是如此，我們與孩子的互動自不例外。愛，有時化身為某種形式，有時則以不同的樣貌出現，「會痛的愛」就是其中一種形式。一旦你嚴訂規範，就會有明確的應對方式，但如果你硬把某種形式當成一成不變的準則，就會問題叢生。換句話說，我們應以自由開放的心態，因時因地尋找最益於愛的形式。就好比說，你內在有個總指揮，你只需順著他的指揮彈奏，時緩時快，時而澎湃，時而輕柔，你不再受限於樂譜，否則就會衍生問題，問題不在於那些傳統觀念，而是我們將它奉為圭臬。許多人將自己的經驗寫成書，卻意識不到，他們的

方法或許對自己有效，但別人未必受用。不過，有個原則確實放諸四海皆準，那就是放下自己的小我；至於如何放下，那可不是用成文的規則所能明訂出來的。

這正是為什麼《奇蹟課程》沒有一套定法可循，而你的問題也不會有標準答案。事實上，《課程》全書將近一千四百頁，耶穌只在〈練習手冊〉立下一個規定：每天的操練不要超過一課。它之所以沒有規則可循，因為每個人都大不相同（M-29.2:6）。由此可知，「會痛的愛」不過是愛的一種形式而已。我們不時聽到有些父母信誓旦旦說，絕對不再高聲斥責孩子，然而有時候，高聲斥責反而是恰如其份的愛的表現；有些夫妻約法三章，吵架絕不隔夜，入睡前一定要和好。我並不是說這樣做不對，只是，也許對某些夫妻而言，愛的最佳表現形式，說不定就是帶著氣憤入睡，隔天醒來卻明白什麼事也沒有。換句話說，某一套準則也許適用於某個人、某對夫妻、某個家庭，但不見得適用於其他人。硬將某種方法套用在所有人身上，是行不通的。只有一種方法放諸四海皆準，那就是寬恕心態，這表示你只能從自己身上下手，而不是去改變別人。

有條件的愛

問：求學階段，父親給我的印象是，唯有在校表現優異，才能換得他的愛。而我也「繼承」了父親這種作風，套用在我三個孩子身上。我隱約感到，其中一個孩子在心裡回應我：「無所謂，我不希罕。」她也確實成績不好。我至今才明白，自己給她的，一直是有條件的愛。另一個孩子再過一個半月就該畢業卻可能畢不了業。只有老二彌補了老大和老么的缺憾，帶回家的成績全是亮眼的甲等。我下一步該怎麼做才好？

肯恩：先別忙著做什麼，只要繼續覺察，看清那個有條件的愛所帶給你的童年之痛，儘管當時的你未必意識到那份痛。借用《聖經》的一句話：父親的罪，會禍延三四代子孫。你必須覺察，自己是怎麼用父親對你的那一套來對待你的子女，然後認出，那麼做，自己並不快樂，也沒有爲子女帶來幸福。最後你會發現，原來自己的一生都建構在「有條件的愛」上頭，成績不過是個象徵而已。如此，你才會看出，這一切是多麼的不仁慈。

　　你愈是容許自己去感受那份痛，你就愈容易釋放它。不過，千萬別「奮力」地想釋放它，你只需與自己所造之境共處一會兒，了解它的根源，明瞭這門課對你和家人有多麼重要。正如〈心理治療〉說的：你總算聽到了你不斷唱給自己聽的輓歌；小我生命正是建構在這首輓歌上，你樂此不疲地哼著，還要你的孩子也一塊兒聽。「聽到那首哀歌，才算是踏出了康復的第一步。反身質問，成了康復的一種決定。」（P-2.VI.1:7~8）至此，你的雙眼終於漸漸張開了。別急著做任何改變。你已經聽到這首輓歌了，也開始質疑它，你已明瞭，你絕不希望這樣度完餘生，如此就夠了。你無需「做」任何事，真的，什麼都不必做。

　　問：來這兒上課之前，我與女兒坐下懇切溝通。我告訴她，雖然**她**不太想畢業，但是**我**仍希望她能畢業。這也是我很難拿捏的地方，身為父母，我還是必須約束子女，給他們訂立規矩；但我實在痛恨這麼做，因那根本是白費力氣。來這兒的路上，我心裡還盤算著要撤回我給女兒的若干權利跟許可。可是，到了這裡，聽你說的教養之道，我不能不承認是我自己把事情搞砸了。

　　肯恩：但是，你看到了嗎？你搞砸的事，反而讓你

認出那個**幕後真兇**，這豈不是美事一樁？進一步說，你不僅沒有搞砸任何事，甚至還可能造就了這一生最漂亮的成績！此刻，你不妨打個電話給你已故的父親，告訴他：「你知道嗎，爸爸，我剛剛考了甲等呢！」要是你沒搞砸，怎麼會覺察到自己的問題？你終於可以誠實地告訴自己：「這就是我一生所演的爛戲！」這樣的體認，一定有助於你的釋放。

問：我此刻覺得自己好蠢，怎麼會把事情搞成這個地步，我其實一直不知道該怎樣帶孩子。一想到自己沒把這個孩子帶好，我就好難過。她現在都十七歲了。

肯恩：何不向她道個歉呢？告訴她，你已明瞭自己錯在哪裡了；告訴她，在校表現不好並無關緊要。該如何表達不是重點，要緊的是，只需讓她知道你錯了：「在『愛』上附加條件，是世間最不可取之事。媽媽只想讓你知道，不論你表現如何，媽媽永遠愛你。」這番話必須出自**真心**。你所需做的，僅僅如此而已。要明白，若非你把前半生搞砸了，療癒還沒有機會登場呢！這正是「重生」的積極意涵。你「重生」了，只因你能夠看著前半生的咎，對著它說，我絕不想再過這種日子了。對了，記得跟令尊說，你得了甲等。

問：我的情況剛好相反。父親跟我說過，考得好不好都**無所謂**。我的兄弟姊妹成績都非常出色，唯獨我的人生劇本中，不具備那種本事。即便父親都說沒關係了，我卻始終逼著自己表現給他看。我發現，不論我怎麼努力，就像比爾的劇本那般，註定會搞砸的。

肯恩：沒有錯。只要我們還希望小我獲勝，它就一定會勝利，儘管那個渴望深深埋藏在潛意識中，我們根本渾然不覺。問題從來都不在它的**表相**，而在於它的**內涵**：打從一開始，我們就希望自己有問題。

問：我們編寫出這些劇本，就是要讓自己在某個環節出紕漏，然後為此愧疚不已，而且我們還得學習跟其他做著相同傻事的人一起過活！我們活在一個徹底迷失的世界裡，這個世界是沒有出路的，但我們必須接受這一事實。針對這點，能否請你再解說一下？

肯恩：用不著我解說，你方才的見解已夠精闢了。沒錯，這兒是找不到出路的，否則我們不會感到不知所措。社會誤導我們，以為我們解決得了家庭問題、人際關係、身體健康及事業工作諸如此類的問題，以為我們可以讓世界變得更美好，能夠消除貧窮、疾病、飢荒與

戰爭。然而，歷史證明，世上的問題根本無解！

　　假使你能從《課程》的觀點來看世間百態，不難看清為什麼人類在世上沒有出路，只因我們的預設就是「不想解決問題」。從〈正文〉「十字架的畫像」（T-27.I）一節中便可了解，我們多麼想要遭到迫害，好讓他人為我們的痛楚與磨難負責。我們就是這樣陷他人於不義。我們想要失敗，而且也如願以償了。那麼，「正念之心」又是怎麼看待這種瘋狂愚昧之境呢？它只需接納小我的思想體系為一個既定的事實。真正高明的解決之道，不是改變外在的「形式」，而是從實質「內涵」下手。我們沒有能力改變周遭的一切，也沒有辦法改變自己或別人的身體，更遑論整個世界局勢；但是，我們絕對有能力改變自己的心靈，也就是這部課程要我們致力的目標。底下這段話，說的正是這個意思：

> 為此，不要設法去改變世界，而應決心改變你
> 對世界的看法。（T-21.in.1:7）

　　耶穌告訴我們，在這個不完美的世間，我們仍有一件完美的事可做，就是「寬恕」（T-25.VI.5）。欣然接納這個喜訊吧，你會如釋重負的。我們無需養育出完美的

子女、擁有美滿的家庭、一具無病無痛的身體，但我們
可以學習去寬恕自己和他人身上所有的缺陷，並且試
著讓此寬恕臻於完美，同時，在心裡告訴自己，我不必
改變任何人或任何事，只是接納現狀，因我深知，表相
根本毫不重要。我們需要改變的，是**自己**的內涵，而不
是別人。當我們這麼做時，每個人的生命內涵必會發生
變化，只因聖子的心靈是一體相通的。即使別人不認同
我們的改變，我們也會欣然接納，因為我們已盡了自己
的本份。小我一旦化解，罪咎便不見蹤跡，唯愛猶存。
那時，愛自會以最有益、最慈愛的形式呈現自己。至於
別人會怎麼看待那份愛，那是他們的事情，不勞我們操
心。放下改變世界的企圖，那是多大的解脫啊，只因我
們已改變自己對世界的看法了（T-21.in.1:7）。

抗拒愛

問：剛剛你提到，愛就像水一樣地流動。那麼，能
否談談當我們發現自己抗拒愛時的內疚呢？

肯恩：《奇蹟課程》幫助我們看出，我們一生的經

歷完全出於自己的決定，因此我們要負責的，不是這個世界，而是我們看待世界的眼光。看到自己多麼處心積慮地抵制愛，乃是奇蹟學員的根本要務；但要能不帶罪咎地去看，可不是件容易的事。講得更確切一點，我們**唯一**的功課，只是看清自己如何斷然拒絕愛，如何步步為營地抵制愛的來臨。我們再三向耶穌表態，我們不需要他，也老是跟上主抱怨，祂給的愛不夠。我們生生世世都在重演這類戲碼，只是有時不著痕跡，有時露出馬腳。耶穌幫我們看清，我們之所以喜歡點唱這首「罪咎輓歌」，就是為了將愛摒棄在外。奇蹟學員最終的一課，關鍵所在，便是每當覺察自己多麼不想要愛、多麼抗拒教導愛的那位老師之際，試著對自己仁慈一些、溫柔一些，對自己多一點耐心。

　　《奇蹟課程》的導言說道：「這是一門必修的課程。」（T-in.1:2）在筆錄之初，海倫告訴耶穌，她認為比爾並不想要這部課程，她自己也不確定是否想要這部課程。能夠坦然對耶穌說：「我不想學你的課程，我也不需要你。」對上主說：「我不要祢的愛。」內心卻能不懷罪咎，本身即是莫大的療癒。原本，我們看到自己有意與上主分裂的那個決定時，難免滿懷愧疚；但在自

己言行中具體看到那個分裂意圖而又**不**感到內疚，這就是所謂的「修正」。這絕非在縱容自己的分裂之念，或企圖將那個分裂靈性化、合理化，也絕不是在為它辯護。我們只是正視那個分裂之念，看清它帶給自己與他人的痛苦，而後明瞭，雖然那個分裂的決定讓我們陷於神智不清，但那並不會使我們成為有罪的惡人——我們犯了錯，但沒有犯罪：

> 上主之子，你並沒有犯罪，你只是犯了不少的
> 錯誤。（T-10.V.6:1）

容我再強調一次，我們若能看到自己拒愛於千里之外那些千奇百怪的花招，還能不批判自己，這種功夫最是難能可貴。

這會使你對自己和他人更加仁慈與溫柔，即便他們的小我對你做了惡意的人身攻擊，你仍舊會仁慈溫柔，因你已了解，所有的攻擊都是因為害怕愛而已。每一個人都害怕愛，正因如此，我們當初才會離家出走，躲到這個世界，把自己困在一具身體內。更糟的是，即便哪天我們有幸突破了牢籠，直抵天堂前院，我們還認為上主會說我們不夠好，將我們擋在門外，天堂大門從此

深鎖。所有的人都深懷這份恐懼，絕望地在人間遊蕩，以為自己永遠回不了家，完全忘了當初是自己決定當個「棄兒」在外頭流浪的。

因此，我們必須在父母與子女，老闆與員工，伴侶或朋友，種種角色關係的具體互動中，看到我們最初分裂一念的殘影，而後謙卑地承認，自己又重蹈覆轍了。是的，我們必須承認自己只看到對方的小我，看不到他的基督面容；承認自己無法同理別人的痛苦，只看到他們過去、現在與未來可能的惡行或劣根。我們必須慢慢覺察自己的心態，明白自己才是拒愛於千里之外的那個人。此時，我們只需不帶批判地看著小我，其他什麼也無需做，如此，該說什麼，該做什麼，都會一一自然浮現，真正的療癒便發生了。如同〈心理治療〉說的：「療癒必須等到心理治療師忘記評估自己的病患之時才會來臨。」（P-3.II.6:1）所以，我們什麼也別做，只需忘記批判自己，忘記批判自己的父母或子女。眾所周知，這部課程從不教我們該做什麼或該說什麼。有一回，海倫要跟某人會面之前，問耶穌她應當說些什麼，耶穌告訴她，她問錯了問題：

你應該這麼問：「請幫助我如何透過真理的眼

光而非評斷的眼光來看待這位弟兄。」那麼，
上主與祂的天使自會應聲而至，俯允你的請
求。（《暫別永福》P.381）

耶穌要海倫給他一個機會，以便教她如何放下批判
的眼光，改用**耶穌**的眼光來看待對方，如此，她自然曉
得該說什麼話；「上主的天使會前來相助」，正是這個
意思。我們表達了什麼並不打緊，重要的是，我們說話
的時候是**與誰為伍**。如果我們忍不住評判對方，表示我
們與小我結盟了；倘若我們的判斷消失不見，那麼，同
行的那一位肯定是耶穌或聖靈。就這麼簡單。

以方才那位母親來說，她該做的，就只是看著自己
加諸女兒身上的種種，也看著父親加諸自己身上的種
種，然後說：「我們都錯了。那是特殊的愛，不是真
實的愛。它太痛苦了，我再也不想要這種東西了。」她
需做的，僅僅如此而已。接著，最有愛心的回應方式會
由她心靈深處自然浮現。她無需彌補眼前的情況，要是
她試圖這麼做，無異於認定問題是發生在表相層面。當
然，這並不代表她絕對不會說些或做些什麼，而是，不
論她說什麼或做什麼，只可能源自一顆沒有小我介入、
唯愛猶存的心靈。如今，她整個焦點只放在那個愛的源

頭上，只因她已經身在其中了。

　　要知道，所有的判斷、罪咎與怨恨等等，會干擾我們，使我們覺察不到愛的臨在。為此，我們請求聖靈，幫我們解除這些障礙。障礙一除，所剩的，便只有愛了，這股愛的潮水才能無拘無束流遍整個聖子奧體的心靈。我們的話語，自會隨著聖子河牀的流向而自行調整。即便河道上仍有障礙物，我們的愛也毫不受阻地懷抱它流經的一石一木。我們應該操心的不是路上的具體狀況，而是如何不讓小我從中作祟。這是需要練習的，而親子、伴侶這類特定關係恰好為我們提供了最佳的操練機會。在各類關係中，親子關係可說是「箇中翹楚」，因為它充滿了「咎」的課題，正是我們踏實練習的最佳教材。

　　我在另一場主題為「形式與內涵：論性與金錢」的研習〔編按〕曾提及，雖然性與金錢的本質與其他事物並無不同，二者皆以身體為核心，必然「咎」貫滿盈，也因著這個「特性」，它們成了極佳的學習道場。進一

〔編按〕奇蹟資訊中心已徵得肯恩同意，將此一研習與另一場研習「從暴食症談起」的內容合併為《性‧金錢‧暴食症──談形式與內涵》一書。

步來看，親子關係可說是所有關係中最容易勾起內疚的一種，其重要性，不言可喻。再重申一次，我們的功課是不帶評判地看清小我如何利用這段關係興風作浪，然後，什麼也不用做。我們只要明瞭，所有的痛苦都是源自小我的眼光；一旦看清，我們自會不假思索地放下它，於是，著眼於「內涵」的慧見便得以取而代之。至此，我們終於明白，我們真正需要的，不是讓子女如期畢業，甚或光榮畢業，而是讓他們經驗到愛。缺了我們的提醒與示範，他們很難從耶穌的寬恕學堂畢業。然而，唯有我們自己先憶起愛，才可能以身示「愛」。說到究竟，我們需要寬恕的仍是自己，也就是不帶批判地看著自己的小我。海倫早期的一首詩〈唯一請求〉，娓娓道出耶穌對我們的請求：

> 我這小小王國，簡陋無比，
>
> 何以獻給上主聖潔之子？
>
> 天父賜予祂無垠的疆土、無邊的財富，
>
> 直至無窮無盡，連宇宙都望塵莫及。
>
> 我的世界來自虛無，終歸虛無，
>
> 遊魂般的人像，奄奄一息，
>
> 舞動片刻，即消逝了蹤影。

對於前來拯救自縛於牢籠的我的那一位，

除了祂自己，

我還能給祂什麼？

幸好，我內仍有一個小禮，為祂所珍惜：

願我寬恕自己。

因為，那是祂唯一的心願與祈請。

祂將親自呈給天父這一獻禮。

—— 《天恩詩集》P.37

身體的穿刺裝飾

問：想請你從心理學的角度，談談「身體的穿刺裝飾」（body piercings）這種行為。

肯恩：這恐怕不是我的專長，不過，我還是樂意一談。所謂穿刺裝飾，指的是穿刺身體某些特殊部位，然後掛上圈環。人們老是對身體做出千奇百怪之事，這已不是新鮮事了。事實上，身體本身就是個怪東西。在我們那個年代，穿戴臍環、鼻環或舌環等等行為，幾近於驚世駭俗之舉。但我也相信，人們剛開始穿戴耳環之

初，也同樣引人側目。人類社會的審美觀一直在改變，我們不難就身體的「自殘」與「形象」發展出一套學說。不過，坦白說，任何「身體加工」之事，皆屬於一種殘害，因為這具肉體本身就是「懲罰」的象徵，美化它或懲罰它，背後的心態全都一樣。

《奇蹟課程》說，我們唯一該問的是：「這究竟是為了什麼？」（T-4.V.6:7）穿戴臍環或舌環究竟是為了什麼？也許是因為同儕的壓力，或是想讓自己特殊一點、更吸引人一點，當然，也有自虐的可能。真正的原因，誰也說不準。只是，這與男人一早起來刮鬍子、女人往臉上抹粉，又有何不同？倘若我今天要去見某位重要人士，我自會穿戴得體，配一條相稱的領帶，噴點香水或古龍水，打造一個我想傳遞給對方的形象，而這與穿戴臍環或舌環的動機並沒兩樣。幻相沒有層次之分。穿刺裝飾也跟刺青一樣，只是人們對待身體的一種方式。

請記得，我們進入這具肉體本身就是一件怪事，因此，所有與身體有關之事，不過是我們「決定與小我為伍」這件怪事的具體表現罷了。我們該學的，不是在表相之間分別好壞高下，而應問問自己：「這究竟是為了什麼？」那些穿刺身體的人，勢必認為在身體「特殊」

之處穿戴圈環，能為他們帶來某種價值，否則他們不會
這麼做；這跟我們相信活在身體內可以得到某種好處是
同一道理，要不然，我們當初也不會選擇以身體為家。
別忘了，無明亂世法則第一條「幻相有層次之分」，我
們就會明白，在身體某處穿戴圈環，與人們平素所做的
其他事情，本質上並無不同，只要不是出於正念之舉，
都一樣在為妄念效力。

　　問：我姪子打電話來，說他女兒打算在耳朵穿六個
洞，他極力反對，覺得不成體統。他女兒現年才十六
歲。姪子問我的意見，我告訴他：「反正你是掏腰包付
錢的人，既然你不同意，自然可以拒絕她。」可是，你
方才那一席話，我覺得自己好像給錯了建議。

　　肯恩：建議本身沒有什麼對與錯。唯一**正確**的答
覆，乃是讓對方反觀自己的感受。我並不清楚你姪子對
自己的覺察能力有多深，我只能說，整件事情的關鍵，
在於他對穿刺裝飾的**心態**。我們年長一代反感之事，年
輕的一代說不定普遍能接受。我並不是要你放任此事，
你知道，你的價值觀是**你自己**的價值觀，未必適用於別
人。只要你能在「內涵」的層次收回你的評判，那麼，
最有愛心的回應方式會自然呈現出來。

賦予孩子過與不及的責任

問：有些孩子（甚至於已經成年了），總覺得父母的幸福是他們的責任，請問這可能是什麼心態？猶記得小時候，母親將我當成傾訴心事的對象，我只好硬著頭皮扮演一個並非當時年紀所能承擔的角色。

肯恩：我先前提到，父母不應把孩子看成自己的責任，我指的並不是撫養孩子長大的那種一般責任，我講的乃是更深的層面：父母無需為孩子的**選擇**負責，反之亦然。在世人眼中，最為摧殘孩子之事，莫過於要孩子充當父母的父母，也就是父母將孩子視為同輩，經常對孩子傾訴心事。當然，孩子若已成年且心智足夠成熟，自然不成問題。多年前，內人葛洛莉接受心理諮商時，她的心理醫師竟然大談他自己夢到她的情境，這其實很不妥當。另一個例子則是我攻讀碩士時，某個研究計畫需要做家庭訪談，一年夏天，某個一家之主竟然稱呼他六歲大的兒子為「爸爸」。可怕的不是這個稱呼，而是它背後的心態。父親把這孩子視為平輩，甚至當成長輩。這對孩子的心理所造成的負面影響是難以估計的，因為孩子會發現，父母竟然沒有能力照顧他，而孩子又

自知無法照顧自己，他必然極度恐懼，感到自己在世上是無依無靠的。

　　這類例子經常出現在身體、精神或性虐待的家庭，成人把孩子當成他需求的對象。父母靠孩子來滿足自己的性需求，或是發洩虐待弱小的快感，孩子因而無法好好地當個孩子。我們的人生劇本皆脫離不了這基本劇情：我們的童年是如此脆弱無助，得完全依賴父母。但家暴卻違反了預設的劇情，因此對孩子與父母都造成極其艱困的人生課題，對孩子尤其困頓不堪，因為他毫無保護自己的能力。倘若有一天，施虐的父母認出問題所在，或是情況嚴重到法院介入，事情至少還有轉機，還可以在成人身上下功夫。至於孩子，除了苟延殘喘地度過童年外，完全束手無策。但願他長大後能有機會重新看待這一創傷。

　　每個人都有小我，為人父母者當然不例外，為此，每個父母**或多或少**都會對孩子造成傷害。有些傷害極具毀滅性，有些則隱微不顯。傷害的形式也有所不同，有的父母老是貶低孩子的能力，無法讓他們培養出任何責任感。猶記得大學時期，某次放假回到家中，家父有幾件襯衫在洗衣店裡尚未取回，一件大約美金兩毛多。那

時我剛好要出門辦點事，便問家父要不要我順道買什麼
回來。他要我幫他取回襯衫，隨即從皮夾掏出一塊錢給
我。我想我都二十歲了，理所當然能幫父親付個一塊錢
的洗衣費。但他堅持不讓我付，事實上，我打算自掏腰
包這件事讓他感到很不舒服。

　　這類問題在一般家庭可謂屢見不鮮。有的家庭要孩
子承擔過多的責任，過度對孩子的身體、心理，乃至於
性方面予取予求，逼著孩子不當地成熟。有的則是責任
要求得太少，把他們當成嬰兒，導致他們不想長大。不
論是哪一種狀況，孩子都會設法熬過去，但願他們長大
成人後，能將這些童年經驗化為寬恕的機會。

　　再沒有比成長於一個缺乏愛的家庭更悲慘的事了，
但也別忘了，活在世間，本身就是一場悲劇。即便所謂
的模範父母，也難免有傷害孩子心理的情況，只因他們
認為別人也傷害過他們。綜結來看，種種心態都源自我
們深信自己曾幾何時犯下了滔天大罪。我們每個人都同
在小我這艘船上，在不同的父母與家庭之間比較高下優
劣，無異於在幻相上區分出層次等級之別，實是一種
誤導。真正了無小我的家庭，僅僅只有一個，那就是上
主與聖子的天家；其餘的皆屬「小我之家」。既然幻相

（家庭當然也是其中一個幻相）沒有等級之分，外表的差異也一樣純屬於虛幻的層次。

童年創傷後遺症

問：兩歲時我曾遭到爺爺凌虐。每次回想起那些遭遇，我便會在心裡大喊：「爺爺住手！」然而，那是兩歲的我沒能辦到的事。我一直認為那個經驗形塑了現在的我，但如今，我終於明瞭，「上面那一位」能給我另一種「自我」。

肯恩：是的，讓痛苦的記憶浮上檯面，對我們會有很大的幫助。因它給我們一個機會，學習如何不再以恐懼的眼光看待這些記憶，也藉此明瞭，雖然小時確曾遭逢不幸，但我們已不再是當年那個孩子了。遺憾的是，我們往往緊抓著這類受虐記憶不放，理直氣壯地為此刻的樣態辯護。比如說，成年後我還認為周遭的每一個人，沒半個可靠——就因為童年的負面經驗。然而，這種心態只會讓過往的經驗繼續活在我們此時此刻的心裡。請了解，我絕不是要否定過去的種種經驗，要否定

的是，過往經驗有左右我們此刻命運的能力而已。請看
清楚，這兩種心態有著天壤之別。

再者，倘若你還想壓抑負面的記憶，你等於在說，
過往的一切仍活靈活現橫在眼前，實在太可怕了，以
至於你連碰都不敢碰。這真的無濟於事。最有效的應
對方式乃是承認那個已然發生的事實，然後問問自己，
它跟**現在**的你有何關聯？問題的癥結往往在於，你認為
它真的影響到現在的你。的確，我們很容易下此結論，
而且無法不這麼認為，只因童年的不幸提供我們「正當
理由」去建立一個抵制迫害的防衛機制，一個看來絕對
情有可原的理由。但我們忘了，過去的迫害早已不復存
在，我們卻執意保持當時所形塑的那個我，並且把那個
「我」當成了自己：這就是我——我之所以這樣，都是
因為兒時經驗造成的。不論過去、現在或未來，我都必
須緊抓著那一經驗，因為它為我打造的這套盔甲提供了
充分的理由。這套盔甲就是我，我不可能是上天之子，
我只是個受到父母、祖父母或親戚虐待的孩子。搞不
好，一切都是基因作祟，我才會先天不足，後天又失
調。

我們就是這樣根據過去的經驗來界定自己，緊抓著

過去不放，只因它可以讓我們的現狀合理化。我們認為自己非得活成這樣不可，因為倘若沒有這套防衛系統、少了這種和世界互動的病態模式，我們就無從知道自己究竟是誰了。只要抓緊那個受害經驗，我們就可以理所當然地卸責，對外宣稱：「我會這樣，都是別人害的。」

　　抱歉，造成你現狀的，別無他人，正是**你自己**。你的心靈在兩歲的時候把自己塑造成那個樣子，瞧瞧，到了22歲、42歲、62歲、82歲，你依舊把那個模樣當成自己。我們緊抓著過去不放，正好成了我們拒絕改變的最佳藉口：「都是因為某某某，我今天才會變成這樣。」根本不是那一回事，你今天之所以如此，全是因為你的「抉擇者」，它在**這一刻**決定活成這樣。

　　問：我覺得，隱性的虐待方式所造成的傷害可能更甚於某些嚴重的有形虐待，是嗎？

　　肯恩：沒有錯。事實上，有形可見的虐待，往往比隱性的虐待來得容易處理，因為不論虐待的樣態多麼嚴重，好歹你看得到它。大家不妨回顧一下我先前提過的「令孩子精神分裂的母親」，他們的招牌手法即是**自**

相矛盾的雙重標準（double bind），父母嘴裡雖掛滿了愛，實際作為卻截然相反。於是，孩子接收到的訊息也必然矛盾重重。對孩子來說，這比外在的凌虐更糟，外在有形的凌虐固然不人道，但至少是檯面可見的。相對的，如果父母口裡表達出的訊息是愛與關懷，而孩子感受到的卻完全不然，孩子便會產生混淆，一點也無所適從。往往，這種傷害才是最難處理的案例。

唯一的化解之道，在於認出此一事實：只要你活在身體內，你就是神智不清的。不管心理治療師怎麼說，神智不清完全沒有等級之別。我在精神醫院工作時，聽到醫界盛傳的一則笑話：「病患和醫師之間唯一的不同，只在其中一方手中握有院內鑰匙。」雖然這則笑話十足戲謔，卻也道出了幾分真相：**所有的人**皆神智不清。如同《愛麗絲夢遊仙境》中的貓咪Cheshire對愛麗絲說的：「這裡每個人都瘋了，我瘋了，你也瘋了。」愛麗絲辯稱自己沒有發瘋，貓咪回她：「你一定瘋了，要不然，你不會來到這裡。」耶穌不斷提醒我們的正是這一點。「愛不作分別比較」（T-24.II.1:1；W-195.4:2）這個觀念十分重要，但小我總是不斷地作比較，就拿家庭來說，我們會忍不住評比誰家較為健全、誰家又比較

病態諸如此類的。小我可不在乎你究竟屬於健全或病態的哪一邊，只要分了邊，小我瘋狂的二元世界就得以悠哉了。

事實上，所有的家庭都夠瘋狂，它們不過是那唯一真實且健全的「天家」的仿冒品罷了。我們之所以神智不清，只因我們選擇了這瘋狂之境，而且還流連忘返。這就是我們寫出的劇本，而「家庭」也因此成了我們必修的課題。假使我們不願修這門課，一味抱怨自己悲慘的命運，抱怨上天的不仁不慈，竟讓這種事發生到我們身上，我們便完全偏離了此生的目的。上主什麼也沒做，一切遭遇全出於**我們自己**的策畫。同樣的，父母什麼也沒做，他們不過提供了一個道場，讓我們在裡頭充分修習解脫的課程。我們若不把它當成學習的機會，便會聽信小我那套說詞：我們是無辜的受害者，我們的遭遇真是悲慘至極，難怪長大成年之後依然一蹶不振。

耶穌在信息中不斷提醒比爾的，正是這一心態。比爾一直說，悲慘的童年導致成年後的他無法上台授課。我們每個人都唱著這類哀歌：「看看我的遭遇吧！看看我的遭遇吧！看看我的遭遇吧！」好像唱片跳針，卡在某個音軌上，存心將受害者與加害者打入兩類不同的人

種。但事實上，並沒有任何一件事「掉在」我們頭上。那純粹是我們選擇的劇本，爲的是不想對自己的一生負責。有些人的故事可能比較不幸，但本質上全都一樣〔原註〕。我們若能回歸「正念之心」，便能客觀地看出，每個人的生命無非反映出同一首舞曲，輪流扮演加害與被害的角色，無一例外可言。

　　耶穌給比爾的信息還有一個重點：比爾的問題，與他誤認的「親子不對等」狀態全然無關（父母是長輩，自然具有較大的權威）。其實，大多時候，眞正強勢的是孩子，他們十分擅長離間父母，父母反而淪爲孩子「罪咎遊戲」的附庸。倘若父母的關係本來就不佳（這是婚姻中常見的現象），那麼，孩子興風作浪的本事可就更強了，他們會估量眼前的情勢，利用父母的問題，打造自己的優勢，慫恿媽媽去抵制爸爸，或挑撥爸爸去對付媽媽，藉此獲得自己想要的東西。但不管怎麼說，孩子打從心底仍是央求著父母，別讓他們當家作主。我們在下一個單元還會談到這類有害的處境以及圓滿的解決之道。

〔原註〕讀者若想更進一步了解這個觀念，可參考本書附錄的〈寬恕施虐者──我們唯一的希望〉一文。

單元二：安全的拱橋

　　先前已說過，切忌揠苗助長，別在孩子未長大成人之前，把他們當成同輩，使他們承受非他們所能負荷的重擔。在此，我將借用勞倫斯的小說《彩虹》深入這一主題，並引用書裡的一段話作爲楔子。2004年9月《燈塔通訊》（*The Lighthouse*）刊登了一篇〈寬恕的拱橋〉〔原註〕，也是我根據這個故事寫成的，此刻借用它來討論親子關係，實在是再適合不過。我個人認爲，《彩虹》這部小說是勞倫斯最優秀的代表作。他是二十世紀初期英國一名小說家，寫這部小說時還不到三十歲，這麼年輕就能寫出如此成熟的作品，實在難能可貴。他對兩性之間及親子之間的關係，有著超乎常人的敏銳直覺。《彩虹》堪稱二十世紀最美的小說之一，不幸，當時英國卻以煽情爲由，將此書列爲禁書，令人扼腕。更不幸的是，勞倫斯始終沒能擺脫此一惡評的陰影，他的後續作品，如《戀愛中的女人》（*Women in*

〔原註〕該文章是根據我在2004年8月〈我們的學習殿堂〉研習中發表的演說整理而成的。演說內容已收錄於錄音帶及CD中，其後也編輯成書，標題皆爲〈寬恕的拱橋〉（*The Arch of Forgiveness*）。

Love），在藝術上的成就遠不及這部《彩虹》。

這部小說敘述一個英國家庭的故事，人物跨及三代。第一代談的是湯姆和莉迪雅的關係。莉迪雅來自歐洲上流社會，下嫁給務農的湯姆。由於文化背景的差距，早期的婚姻關係十分緊張，經營得相當辛苦，儘管如此，他們還是熬了過來，婚姻關係也逐漸改善。莉迪雅有個女兒安娜，是故事中的第二代。整部小說著墨最多的，則是在安娜的女兒爾舒拉身上（她也是《戀愛中的女人》的主角）。底下這段話，摘自《彩虹》第三章的尾聲，描述湯姆與莉迪雅關係彌合後的情形：

> 安娜的心靈終於在他們兩人中間找到了安息。她望望母親，再瞧瞧父親，看到他們為她建構了一個安全港。她自由了，能夠無拘無束地在火柱與雲柱〔譯註〕之間玩耍，環顧拱橋的左右支柱，安全穩固。父母再也不會要求她用她微弱的力量去撐起那斷裂的拱橋。她的父母終於

〔譯註〕「火柱與雲柱」，象徵安娜在父母不分日夜的關愛下成長。此係勞倫斯引用《聖經》所載摩西帶領以色列人民離開埃及之故事。〈出埃及記〉：「日間耶和華在雲柱中領他們的路，夜間在火柱中光照他們，使他們日夜都可以行走。日間雲柱，夜間火柱，總不離開百姓的面前。」（13章：21~22）

在天上的拱橋相會了，而身為孩子的她，才能
在父母之間，在這座拱橋下面，安心地玩耍。

拱橋的意象在此轉化為彩虹，成了這部小說的書名。勞倫斯這段話描述的是，當父母深愛著彼此時，孩子有如活在避風港中。父母若不惡言相向、彼此折磨的話，孩子自然感到安全無虞。「父母再也不會要求她用她微弱的力量去撐起那斷裂的拱橋」，這句話點出了家庭問題的癥結：孩子往往被迫承擔起修補父母破裂婚姻的責任。最糟的情況便是，夫妻為了孩子而選擇勉強維繫婚姻關係。他們假裝為孩子建造一座安全的拱橋，家中氣氛卻充滿緊張與不安，夫妻之間虛與委蛇，彼此滿懷憤恨與怨懟，卻冀望子女去修補這座婚姻拱橋，有時明著要求，有時暗地裡哄騙。於是，常見孩子挑撥父母，使雙方對峙，更嚴重的情況則是，父母將孩子當成攻擊對方的武器。

夫妻若是愛子女勝於愛配偶，那就太可悲了，因為，只有真正愛著另一半才會愛子女。假使你只愛孩子而不愛伴侶，你必會把孩子當成武器來對付伴侶，弄到最後，你變得誰都不愛。因此，真正關心兒女的父母，必會用心經營夫妻關係，因為兩人若無穩固的愛的連

結，他們勢必會向孩子傳遞「雙重」的訊息，也就是要求孩子「用他微弱的力量去撐起那斷裂的拱橋」，使得小我「虐待與受害」的觀念在孩子心中更加牢固。孩子長大成人後，大概就會成為這樣的父母；不論他跟誰在一起，都會重演類似的戲碼，因為他學到的只有這一套。

他們的癥結出在「不誠實」。家裡出了問題，孩子自然覺察得到，即便偽裝也無濟於事。還不如坦白跟孩子承認，「爸媽相處有問題」，這遠比假裝沒事因而給出雙重訊息要來得好。真相一旦攤開來，人們自會設法面對的。常聽人說，某某人檢查出癌症後，醫生不敢告訴他實際情況，或是顧左右而言他，但不知怎的，當事人一定感覺得到。訊息若模糊不清，人們便很難作出適當的回應。

勞倫斯是短篇故事的高手，他寫過一篇非常棒的小說，名為〈小木馬上的贏家〉（*The Rocking Horse Winner*）。故事主角是一個小男孩，他的窮光蛋父母滿腦子都是錢。我雖然好幾年沒再重讀，但仍深深記得勞倫斯筆下那面終日吼著「錢、錢、錢」的牆。的確，房子裡的每樣東西都與錢脫離不了關係。這小孩天生

有個特異的能力，當他騎上他的小木馬搖來晃去時，就能預測勝出的賽馬。父母發現後便不斷施壓，要他以此「技能」支撐家中經濟，整天逼著他騎上木馬，供他們下注。為了滿足父母的癮頭，他被迫騎在小木馬上的時間與日「劇」增，最後，在一回激烈的比賽中猝死在木馬上。故事最引人入勝的部分，即是描述這男孩的一個本能，他聽得到家中牆壁「說」出父母視為命根的東西。小孩常有這種本能，探出這個家所放出的訊息。話說回來，要是這訊息曖昧甚至矛盾，那就後患無窮了。當然，我不是要你告訴孩子他們現階段無需知道的事，而是提醒你，你若想要掩飾，只會欲蓋彌彰。我八九歲時，我的兩個舅舅來家裡作客，結果一言不合大打出手，我原本睡著了，但聽到吵鬧聲便跑出來一探究竟，媽媽急忙把我趕回牀上，隔天一早，騙我說那只是我作的一場噩夢。但我心裡清楚得很，兩個舅舅確實打架了。否認我所知道的真相，對我一點兒幫助也沒有。

　　我也依稀記得，在更小的時候，父親染上了肺結核，大人們不敢讓我知道，但我心裡清楚家裡出事了。一天晚上，我無意間聽到媽媽在房裡啜泣（我不曉得爸爸在哪裡，也許他住院了），我還聽到媽媽跟其中一位

舅舅講話時提到了「癌症」二字。我不知道那是什麼，但從她的語氣，我聽得出那不是什麼好東西。以當時的科技，醫生還診斷不出父親罹患的是癌症還是肺結核。當然，兩相比較，大家都寧可是後者。從那一刻起我十分焦慮，知道家裡出事了：大人們竊竊私語，媽媽暗自哭泣，爸爸又老是不在家。我只是不清楚究竟出了什麼事。儘管媽媽試圖隱瞞真相，我還是在一個偶然的情況下得知一二。媽媽很喜歡看偵探小說「梅遜探案」，而我又是個書迷，每回她讀完一本小說我就會接著看。一天，我在一本推理小說讀到了「肺結核」這個字眼，我不懂那是什麼，只記得媽媽在竊竊私語時提過這玩意兒，於是我跑去請教老師。放學回家後，我質問母親，她別無選擇，只好告訴我實情。我不記得當時我作何反應，但毫無疑問的，我早就感覺出母親的焦慮與憂愁。假使母親一開始就坐下來跟我好好談，將父親的狀況慢慢解釋給我聽，說他生了重病，正在接受治療，因此會有一段時間不在家裡，這樣遠比裝作什麼事都沒發生要好得多。不論你企圖保護誰，訊息遲早會傳到對方耳裡的，你其實讓他承受更多不必要的焦慮而已。

　　再強調一次，你能給子女最大的愛，莫過於愛你的

伴侶。倘若破鏡已難重圓，至少也要坦誠。你不必向孩
子透露你們交惡的細節，只需承認婚姻出了問題，這對
孩子比較有益。勞倫斯筆下特別感人之處，是父母改變
了之後，安娜也改變了，因爲她已擁有安全感了。撇開
形上理論，單就臨牀經驗來看，只要觀察父母的關係，
便不難理解孩子的問題所在。夫妻的婚姻問題解決了之
後，孩子的問題常常也隨之煙消雲散。我不是說婚姻形
式非維持下去不可，但不論婚姻是否挽救得了，問題其
實都能夠解決的。所以說，「誠實爲上」，因爲少了這
份誠實，便會給予孩子雙重的訊息：「一切都很好，但
其實不然。」我是心理工作者，早期曾在某所學校輔導
心理異常的孩子。我很快就發現，即便患有精神症狀的
孩子，問題也往往不在孩子本身，病因在他們的家庭。
於是，我開始作家庭訪問，這成了我們治療專案裡十分
重要的一環。

　　我們也因此有了一項重大發現：只要你覺得對對方
有所需求或期待，你就不可能眞心愛他。準此而言，認
爲子女能眞心愛他的父母這種想法也太不實際了。唯有
孩子不再視父母爲父母，而視他們如兄弟姊妹時，眞愛
才有可能發生。我先前已提過這個觀念，稍後會再進一

步探討。其實，希望孩子愛我們，乃是小我最愛玩的
「特殊性」把戲。我希望孩子愛我，那才表示我是個好
父親、好母親，表示我是個好人。顯然，我之所以需要
孩子愛我，只因我不相信自己是個好父親、好母親，當
然也不相信自己是個好人。這就是典型的特殊之愛，只
因整個焦點全在自己身上。

父母必經的另一道難關，是他們的乖乖小天使，
到了青春期頓然成了青少年魔鬼：乖戾好辯、出言不
遜，行為也經常脫序。父母的因應之道（雖然不容易辦
到），乃是設法放下對孩子的期待，更別認為孩子的叛
逆是衝著你來的，如此，方能在受到孩子攻擊時，不至
於繃緊神經，全力防衛，以牙還牙。父母愈能秉持這種
精神，便愈容易幫助孩子穿越驚濤駭浪的青少年期，邁
入漸形穩定的青壯年期。當然，是否能平順穿越，決定
權仍在孩子身上，但父母的回應方式如有正向的影響，
必能激發孩子選擇正念之心。

再者，我們不可能去愛一個不同於我們自己的人，
只因我們相信，這個「不同」代表了他們為了填補自己
的缺憾而從我們身上奪走之物。如今，那些東西變成他
們的了，我們當然會想奪回。此外，**我們也不可能去愛**

一個擁有我們欠缺之物的人，同理，孩子並不愛他們的父母，因為他們必須依賴父母，對父母有所需求。這正是為什麼許多父母要跟小寶寶說：「去跟媽咪說你愛她。」「上牀睡覺前親爹地一下，跟他說你愛他。」小孩根本不懂什麼是愛，而大人以為孩子懂，殊不知自己已將「特殊之愛」灌輸到孩子心裡了。為此，耶穌懇求我們寬恕他，只因我們無法愛一個與自己不同的人。我們需要寬恕他的不同；但其實，他與我們毫無不同。他在〈正文〉一開始就告訴我們，他和我們一樣（T-1. II.3~4）。因此，這位長兄需要我們的寬恕，否則我們無法愛他；而如果我們不愛他，他就無從幫助我們。

如果我們真愛孩子，就會幫助孩子長大成人，讓他跟我們平起平坐。他們才會懂得什麼叫作愛，也才能在別人所見的不同表相下看清人人都渴望的福祉，認出上主之子隱藏在分裂表相下的一體生命。不論是父母或孩子，都能在親子關係中成長，這是化解小我最具體的學習途徑。《課程》的核心教誨就是請求耶穌幫我們用他的慧見來看待小我，而「看」只可能發生於當下，它意味著釋放過去的經驗，也不將期待投射到未來。

單元三：問題討論二

父母意見不合

問：外子是個基督教基本教義信徒，而我七歲大的女兒爲此也參加了教會兒童班。前幾天，她作完禮拜回家告訴我：「比爾牧師說，不信耶穌的人都會下地獄，這是眞的嗎？」我假裝沒聽到，但外子卻立刻補上一句：「是眞的。」女兒繼續追問我：「媽咪，是眞的嗎？」我記不得自己是當場否認還是逃離現場，不過，我確定自己沒有昧著良心說「是眞的」，因爲我根本不相信那回事。我該怎麼處理這種事才好？它肯定還會繼續上演的。

肯恩：違心附和「不信耶穌就會下地獄」的說法，絕非上策。但跟你先生唱反調，也一樣無濟於事，因爲那會使你的孩子無所適從，也爲你們的婚姻蒙上陰影。**實話實說**反而是最有愛心的表現：「爸爸和媽媽對某些事情有不同的看法，這並不代表我們不愛對方，也不代表我們不愛你。我們不過對某些事情看法不同而已。」

不妨舉一些具體例子，好比：「媽媽喜歡粉紅色，但爸爸喜歡藍色。」或是：「媽媽喜歡巧克力冰淇淋，而爸爸偏好香草口味。」舉出比較生活化的例子，避免傳道或說教，幫她看到，相互關愛的兩個人，不見得想法要一致。這遠比身為母親的你騙她說：「是啊，爸爸是對的。」要好得多，因為，即便你女兒現在察覺不出來，但她很快會發現，媽媽其實並不相信爸爸那一套。另一方面，假使你老是跟先生意見相左，尤其在女兒面前，也一樣不妥。在房裡吵架是一回事，在孩子面前爭執又是另一回事。

　　說到究竟，信仰哪種神學無關緊要。耶穌才不在乎你信不信他，上主也是。那麼，我們還有什麼好擔心的？這不該成為兩人爭執的焦點。誠實地表明自己難以苟同的立場才是最好的回應，也是我們每個人的必修功課。與別人意見相左，不代表你討厭他們，只顯示你們看法不一致罷了。如此，你方能誠實地面對自己、女兒，以及先生（他老早就知道你不認同他的理念了）。最糟的一種情況，則是讓孩子以為她可以藉此從中作梗，使父母不和。倘若你的女兒也不相信牧師那套說詞，你的表態是最好的示範。

　　孩子能由一座安全的婚姻拱橋學到這寶貴的一課：你不必**遷就某一方的立場**才能平安與幸福；即便理念不同，愛仍能存在其間。一旦你學會了這寶貴的一課，孩子便無從挑撥父母的感情。要是孩子感受到父母之間的衝突（意見相左不算衝突），她便會盡其所能地興風作浪，讓家中每個人都不好過。於是婚姻有如戰場，孩子則是雙方交鋒的炮火。容我再說一次，真正愛孩子的方式，就是讓他們在父母這座愛的拱橋下，安全無虞地成長。

　　至於單親家庭（不論配偶是生離或死別）也是如此。即便只有一個人，也仍能營造出一座拱橋，因為，重點不在雙親健在這個**形式**，而是在愛的**內涵**。單親家長能為孩子所作的最好的事情，便是愛孩子的父母，也就是對自己仁慈一些，讓自己慢慢化解小我的干擾，使你與孩子、與每個人之間的愛的關係暢通無阻。

應否教導孩子奇蹟課程，適時給予宗教薰陶？

　　我們將在這一節討論學員常問的兩個問題：我該怎麼教導孩子《奇蹟課程》？我需不需要給孩子一些傳統宗教的薰陶？根據前面的原則，就「形式」的層次來講，沒有對錯好壞之分，關鍵僅在父母心中的「內涵」。就拿上述那位信奉基本教義的父親來說，父母若真想要教孩子了解《奇蹟課程》，最好的方法就是活出「不含衝突的愛」，讓孩子安心活在寬恕的拱橋下。這能幫助孩子發揮內在的抉擇力量，去選擇愛與平安的「正念」思想體系，亦即「**若非同心，一切枉然**」（together or not at all）的理念，捨棄小我「**非你即我，無法兩全**」（one or the other）的運作法則。至於要不要給孩子一些宗教方面的薰陶，答案也相同——不論你信或不信任何宗教，只要你們的夫妻關係與親子關係能活出愛與接納的內涵，便契合了所有宗教與靈修的真諦。請牢記，著眼於表相而罔顧實質內涵，即是錯置了焦點，這種時候，不論作什麼決定，都會出差錯。

如何教導孩子活在一個了無意義的世界？

問：請問，《課程》怎樣教導孩子活在這個了無意義的世界？我也不懂爲何要花大把鈔票送孩子進大學，去學一套錯誤的人生觀念？

肯恩：《奇蹟課程》不會教人怎麼訓練孩子。事實上，它從不教人怎樣應對外在境遇：如何當個好丈夫、好父親、好兒子等等。它只會告訴你，如何寬恕自己來淨化心靈。這表示，你若想成爲稱職的父母，真正幫助你的孩子，就是在教養子女的過程中，盡可能不受小我擺佈。養育子女之道，沒有「定法」可言，你方才所提花錢供孩子念書等等問題，也莫不如此，沒有什麼標準答案。世上沒有一件事是對的，因爲世界本身就是爲了攻擊上主、與天堂對立而形成的。然而，這並不是說，我們無需培養孩子照料自己的能力，比如說，教他們整理儀容，建立道德意識，提供教育機會等等。我只是說，達成這些目標並沒有一個**定法**。耶穌告訴過我們：「這部課程非常注重因材施教」（M-29.2:6），教養子女，自不例外。

　　如同我先前說過的，教導《奇蹟課程》的方法，乃是「活出」奇蹟精神，也就是以身作則。我們若想教導孩子如何在一個殘酷、邪惡且不公的虛幻世界生存，就必須盡我們所能地示範出，自己如何在這個殘酷、邪惡且不公的虛幻世界活得心安理得。單親也好，雙親也罷，為人父母所能做的，就是盡可能擺脫小我的掌控，放下種種防衛機制，如此一來，愛自會引導我們如何教養孩子，該說些什麼，或該做些什麼。這與育兒技術是兩回事，我們談的，純粹是心靈的自我寬恕。

　　棘手的是，孩子的小我很可能抵制這種愛，即使他們心靈的某一部分渴望這種愛。孩子非常清楚我們的痛處在哪裡，也知道怎麼激怒我們，隨著年齡的增長，他們愈來愈擅長此道。他會引誘我們進入**他**的遊樂場，參與**他**的「特殊性遊戲」。他會設法激怒我們，我們一旦發脾氣了，他就知道我們上勾了，而在心裡歡呼：「我贏了！」特殊關係的根本目的，就是要別人滿足我們的需求，因此孩子也知道，只要對我們笑一笑、跟我們玩一玩、乖乖聽話，就可以得到我們的愛。事實上，他是在跟我們說：「抱我，疼我，誇獎我。我要的，全都給我吧！這樣，我才會給你你想由我這兒得到的愛。」孩

子就這樣引我們進入他的圈套裡，就跟我們長年所用的招術一模一樣。表面上看，雙方都贏了，其實雙方都輸了。

這些花招正是當初我們對上主所施的伎倆。我們告訴上主，祂應該是怎樣的神，該如何愛我們，何時又該發怒，就像所有傳統宗教描述的那樣。我們認為，只要謹守祂的戒律（那戒律也是我們制定的），祂就會愛我們。於是，我們遵從「祂的」儀規，且還奉行不渝，全心討好祂，祂才會賞報我們。同理，孩子也是以此方式誘騙父母。我們總以為是父母在哄騙孩子，只要幾片餅乾、一些玩具，便會讓他們成為乖寶寶，塞個奶嘴，他們就會安靜下來。我們知道怎麼操控他們，卻渾然不覺他們也在操控著我們。由於我們自己放棄了父母的寶座，拱手讓出權力，弄到最後，他們有了呼風喚雨的本事，操控著我們的喜怒哀樂。不論我們是父母、老師、心理諮商師，或任何與孩子有關的角色，最糟的就是把權威轉讓給孩子。

孩子不乖時，我們會忍不住想對他咆哮，因而失去內在平安。這種反應無異於告訴孩子，他的小我具有左右我們的力量。不幸的是，連《聖經》都顯示了我們

有能力惹惱上主，有能力改變上主的心意。這正是《課程》提到的無明亂世第三條法則：我們告訴上主應作何想，要是祂真的這麼想，必然依循這些信念行事（T-23. II.6~8）。身為父母，我們也在做同樣的事——賦予孩子力量來奪走我們的平安。我強調過幾次，這並不是說，我們不該堅持立場約束他們，而是在管教孩子時不能失去自己的平安。這正是我們所能給予孩子最有價值的一課。我們一旦生氣，孩子便贏了；眼看中了他的詭計，我們會更加惱羞成怒。這隻朝著大宇宙咆哮的小老鼠，成功地引誘我們爬進他的沙坑，跟他互相叫罵。這意味著，那一瞬間等於加深了孩子的記憶：「我又戰勝了那位『大神』！」這真是我們給孩子最糟糕的禮物。

　　因此，最有益於孩子成長的方式，乃是強化孩子的「正念之心」，透過我們的示範，讓他們看到一個活在「正念」中的人是什麼狀態。別人的言行干擾不了自己的內在平安，同樣的，孩子的言行也無損於我們對他的愛。孩子或哭或笑，乖乖吃完飯或把食物扔到地上，都動搖不了我們對他的愛。換句話說，他的表現不管如何，絲毫也影響不了我們對他的態度。我們的愛與平安始終不變。

唯有如此，才能真正幫助我們成長。所成長的，並不是父母這個角色，而是上主之子的身分。我們一旦把握到這一主軸，不僅可應用於堂上父母或膝下子孫，也必能推及同事、老闆，甚至萍水相逢之人。我們不會把力量轉交給任何人：服務生態度惡劣，我們不會生氣；塞在車陣中，我們不致焦躁；孩子惹是生非，我們從不失去耐性；老闆不公對待，甚至惡言辱罵，我們也不會以牙還牙。

我們的目標並非成為慈愛的父母，而是回歸「正念」，恢復上主之子的身分，如此，我們自然而然會成為慈愛的父母與師長，體貼的子女與學生。不論扮演何種角色，我們都滿懷愛心，因為一旦學會了這門課，我們自會應用在生活上，把現實生活中的角色當作學習的道場，把唯一該學的寬恕課程應用於各種人際關係及人生場景。

早年，我剛成為心理學家時，最令我訝異的是，心理治療師在諮商室裡近乎完人，但出了辦公室，就往往判若兩人。他們在家裡未必關愛家人；工作場合中，對同事也可能漠不關心；但面對病患時，卻能對症下藥，使病患受益。我只能說，他們真正學到的並不多，因為

他們無法應用在生活上。假使我們無條件的愛只限於某時某地，而無法用在其他場合，表示我們根本沒學到這一門課。耶穌在〈練習手冊〉導言的後半段說得很清楚，每一課都是在幫助我們將此觀念普遍應用於我們所置身的一切處境（W-in.4~7）；倘若不能普遍應用，我們的愛只會淪為特殊性的愛。

　　只要我們想活出正念心境、成為更好的人，我們必須對自己的「妄心」培養出愈來愈敏銳的覺察力，正視它，而後寬恕它。我們試著寬恕小小瘋狂的分裂之念呈現出來的具體事件，既不受它操控，也不因它而陷入愧疚與悲傷或快樂與平安。每個事件都給了我們一次機會，再次發揮心中抉擇者的力量。我們覺察到小我的運作，不再為自己的疲憊、易怒與煩躁找藉口，因為孩子不受教跟我們的心態原是兩回事。當初，是我們選擇成為一個不受教的小我，而後把它投射到孩子身上（不消說，他們也樂於配合演出）。於是，我們眼睜睜地看著自己將自身的不平安怪罪到孩子身上。我們該去做的，不是斥責孩子或苛責自己，而是盡可能試著卸下自己的防衛心態。如此，方可確保孩子能在一個慈愛美好的家庭環境成長。他們會從我們身上看到，如何在一個無情

的世界立足，如何在一個註定受苦的瘋狂世界生存。他們會學到，即使在這種世界中，他還能活得心安理得。我們不要求自己零失誤，有幸的是，孩子會不斷給我們練習的機會，兩次、三次、甚至十次。不論自己能做到什麼程度，我們只是盡可能地為孩子示範出合乎「正念」的生活方式而已。

　　換句話說，為人父母的主要功課，就是不以防備之心去面對孩子的攻擊。耶穌在〈心理治療〉一文也提到，這正是心理治療師的任務，只因每個心理治療師都知道，患者**必會**公開或暗中攻擊治療師。同理，我們必須為孩子示範：如何能毫不設防地活在一個充滿敵意的世界裡，也就是不把小小瘋狂一念所表現出來的任何表相當真，不讓它們影響自己的生活。我們若能以這樣的眼光看待親子關係，為人父母的角色不可能不產生變化，人生功課也會學得更為上手，這才是當初選擇為人父母最合乎「正念」的一個緣由。

　　如本書所一再強調的，親子關係乃是世上最難修的一門課，你看，孩子最知道如何惹火我們，他們也曉得怎麼用純真的笑臉擄獲我們的心，又該往哪兒刺中我們的要害。你只消觀察一下，便不難看出那些小孩子甚或

大孩子是怎麼一步步地把我們推到極限的，因為他們的小我渴望我們的反應能夠證明：「哈！我又把那個神惹火了，我贏了！」〈正文〉是這麼說的：

> 在你向上主要求那一「特殊」恩惠之前，你原本活得平安無事。上主無法答應你的，因為那種請求對祂完全是不可理喻之事，而你也不可能真的向深愛聖子的天父提出這種要求的。向天父要求唯有不仁之父才可能俯允之事，等於存心把祂變成不仁之父。（T-13.III.10:2~4）

這就是每個孩子反覆上演的戲碼，陷雙親於不仁不慈。問題是，這也是我們自己想要證明的結果，才會樂此不疲地加入他們存心破壞的「特殊性遊戲」。

總之，訓練孩子如何活在這個不公不義且危機四伏的世界，上上之策，就是學會如何以平安的心境面對外來的攻擊，而且親自為孩子作示範。容我再次提醒，這不是說，我們不可立場堅定地管束孩子，而是要我們不以懲罰的心態管教。我們請求聖靈協助我們看出，孩子無理的要求與失當的行為不過是把小小的瘋狂一念當真罷了，他好似說：「爹地、媽咪，陪我一起玩這個遊戲

嘛，證明我是對的。」請記住，千萬不要攪和進去！我
們不但不該反擊回去，還應當邀請他們跟我們一同活在
「正念之心」中。

未善盡親職的愧疚感

　　問：我下過一番功夫，化解了「不是好媽媽」那種
愧疚感，也就是試著寬恕孩子和我自己。如今，我有個
七歲大的可愛孫子，問題是，他性情非常焦躁，不時抓
破膝蓋，甚至還會拔指甲。眼睜睜看著他這樣，我不知
如何是好，只能建議女兒全家一起去找諮商師治療，因
這可能事關整個家庭，我覺得全家諮商較好，不會讓孩
子覺得自己是異類，唯獨自己有問題。

　　肯恩：你的建議很好。現在，你要做的，就是放下
這件事。你女兒提出了她的問題，而你也由社工的角度
給了她專業的意見。至於女兒接下來會怎麼做，就由她
自己決定吧。這已經不是你該操心的事了，做到這一點
可不容易。就某種意義來說，你從祖母的角色來看這件
事，較能旁觀者清，不必承擔父母直接的責任。當同樣

的問題再度浮上檯面時，等於又給你一次機會治癒這類關係，只是，請記得現在你是祖母的身分，而且你知道所有的問題仍是同一回事。

問：我是那個孩子的祖父。一回，我們那個寶貝孫子站在馬路邊跟我們說，他有時候很想衝過馬路去。他明明看得懂交通號誌，卻在車水馬龍中講出這樣的話，讓我不禁懷疑，他是不是不想活了。這讓身邊這群愛他的人不能不擔憂，真不知如何是好！

肯恩：確實不容易。畢竟，你是他的祖父，不是爸爸。你能做的，就是鼓勵孩子的父母採取因應措施，但再怎麼說，你還是得留給他們空間，讓他們自己作決定。

問：我一生最大隱憂就是害怕自己不夠好，這種恐懼如影隨形：養兒育女，擔心自己不夠稱職；在職場中，害怕自己不夠專業。這種心態把我逼出了很高的成就。我一路辛苦奮鬥，就是要確保自己「夠好」。我相信自己已經不錯了，但始終隱隱覺得有美中不足的遺憾。

肯恩：這是每個人的擔憂，形式各有不同罷了。我

們總覺得自己若有所缺，這種感覺乃出自我們的內疚之
聲：「我大有問題。即使我不算失敗，但應該更好才
對。」於是，倘若孩子沒有出息（當然，那個「出息」
的標準也是我們自己預設的），作爲父母的便看成是自
己的缺失。如果學生的表現沒有達到我們的預期，身爲
老師的便覺得自己有問題，沒能把學生教好。

　　最近一次的研習中，也有學員提出這類「不夠好」
的問題。一位媽媽提到她和十幾歲的女兒之間的關係。
所有帶過青少年的父母對此都會心有戚戚焉。每回這位
母親想管束女兒時，就會告訴女兒，耶穌要她這樣做或
那樣做，換句話說，她讓耶穌取代自己爲人母的權威地
位。縱然這種作法有一時之效，但長遠來看，卻已種下
了失敗的種子，因爲，在她要求女兒恪遵耶穌教誨之
際，無形中也貶低了自己的權威。她其實在告訴女兒，
自己不配當她的母親，只有耶穌才有智慧給她建議、規
範她的行爲。她就這樣將自己塑造成不稱職的母親，給
孩子一個失敗母親的印象。她沒有將耶穌的力量內化爲
自己的力量，讓女兒能以她爲榜樣，如她一般成長。

　　那些天天指望「聽見」內在天音的學員們也是如
此，不自覺地扼殺了自己心靈成長的機會，他們不知

道，實際只有一個聲音，天音就是自己的聲音。雖說，只要我們的生命仍受罪咎、恐懼與攻擊的思想體系所操控，我們便需要一個有別於小我的外來象徵體，代表我們至今不敢「正名」爲自己之聲的聖音。然而，心靈之旅的目的無他，就是爲了拉近「天音」（Voice）與「我們自己的聲音」（voice）之間的距離，讓自己的心靈長大成人，然後繼續超越下去。

我們若把這個觀念推向更廣的層面，便不難發現每個人心中都藏有這類可怕的想法：「即便我很乖，上帝最後還是會認爲我不夠好，我終究回不了天堂的。無論我多麼拼命努力，無論我把自己磨練得多麼優秀，天堂之門也不可能爲我而開。」如同卡夫卡（Franz Kafka）的《審判》（The Trial）一書中「法律之前」這則寓言所描述的：「上帝會說，這還不夠好。」可以說，這是由同一分裂之念孕育出與「身」俱來的恐懼，因此，不如誠實地承認內在存著這類信念反而對我們大有幫助。〈練習手冊〉第九十三課開頭有云：「你認爲自己是邪魔、黑暗與罪惡的淵藪。」（W-93.1:1）一語道破了我們此一思維：「不論我考績甲等或丙等，上帝還是會覺得我不夠好，我永遠都是個壞胚子。」正因這一信念，使

我們至今仍在人世間遊蕩，我們可別低估了它的威力。

　　唯有接受這個「事實」，我們才會了解「投射」的運作機制——假使我們這樣看待自己，我們一定會把這個形象投射到別人身上。話說回來，套用在此刻討論的「不夠好」這個問題，我們總認為孩子、學生甚至自己的失敗，都是自己不完美的直接證據。周遭所見的一切，在在證明自己不夠好；殊不知，人們只會看見自己「希望」看見之事。耶穌在給比爾的信息裡，回應了他認定父親摧毀他辦公室一事：比爾緊抓著這個記憶不放，足以顯示他暗地裡希望此事發生。再看〈正文〉下面這段話，可謂顛覆了世俗的觀點：

> 你所受的苦會讓你看到自己想要傷人的那個不
> 可告人的秘密。(T-31.V.15:10)

　　我們**希望**被人傷害、背叛甚至拋棄；我們也**希望**人們失敗。若非如此，我們目光的焦點就不會老是盯著周遭的不完美之處，且認為這全是我的錯。

　　每個人真正該問的是：「不論知情或不知情，我們怎麼會瘋狂到這種地步，竟然接受這種折磨？」而答案是：「假使我們天生就有問題，那表示天堂根本不

完美，才會造出有瑕疵的我們。」於是乎，我們利用眼前的孩子、學生以及自己的失敗，來證明自己是個瑕疵品，藉之，既確認了自己的存在，又不必爲它負責。就爲了這個「好處」，我們寧可無怨無悔地投入一生，也不願放下這一信念。因此若要療癒這種信念，我們必須坦白承認，是我們自己選擇這種人生觀的。

我們就如此這般地「護守」著自己的罪咎，期待不幸的遭遇，儘管嘴巴嚷嚷著自己絕不可能有這種荒謬的想法。我們一邊抱怨上帝發給了一手爛牌，給我們多舛的一生，暗地裡卻渴求這種命運。我們就這樣重複播放小我心愛的戲碼。表面上，我們雖好似感嘆自己的不幸，潛意識裡，卻希望子女不乖、脫序，甚至失敗。只要看看我們如何沉溺於他們的問題，就不難看出，我們其實自甘如此。要不然，我們只會淡淡地跟自己說：「我已經盡力扮演爲人父母、爲人師表的角色了，但我不能替孩子作他們該作的決定。」這才算是面對了問題的眞相。反之，我們會將失敗算到自己頭上。容我再說一次，倘若這失敗眞是我們造成的，那表示我們確實有問題，接下來再推諉究責一番，我們的問題又是別人造成的；藉著這種伎倆，我們才能擺脫小我的罪惡感。

　　梭羅（Thoreau）有句名言「人們多半黯然活在絕
望中」，此言不虛。我們真的寧可默默地在絕望中苟活
──不僅拖著蹣跚的步伐走這趟人生旅程，也但願世間
之路坎坷不平，就像先前提到〈練習手冊〉第一百六十
六課所描述的。我們期待事情一團糟，讓自己覺得虛擲
生命。我們希望自己一事無成，是「邪魔、黑暗與罪惡
的淵藪」，因它至少證明了我這個生命果然存在。不管
有多麼慘不忍睹，那終究是**我們**的生命，證明上帝之外
確實有個世界，確實有我的存在。而這一切，都不是我
們的錯。

　　〈心理治療〉一文中把這種心態描寫得相當露骨，
其中幾句我們先前已經探討過：

> 不寬恕者即是有病之人，因他必會認為自己不
> 可寬恕，因而緊抓著罪咎不放，視之為護身
> 符，指望它慈愛的保護，警覺地防衛……，這
> 一切反應其實都是拒絕寬恕的可悲之舉。病人
> 一邊哀悼失落之苦，一邊卻樂此不疲，這等於
> 再三警告上主：「上主止步！」唯有當病人開
> 始聽到自己所唱的輓歌，敢反身質問它的真正
> 用意時，才有療癒的希望。然而他必須先親耳

聽到，才會聽出那輓歌哀悼的竟是自己。聽到
那首哀歌，才算是踏出了康復的第一步。反身
質問，成了康復的一種決定。（P-2.VI.1:2~8）

我們抓著自己的罪咎不放，緊緊擁在懷中，細心地
呵護著，為它擋風遮雨，甚至起身捍衛。我們卯盡全
力，抵制任何想拿走我們罪咎的人。總之，就是不希
望人家說我們夠好，因為要是我們真的夠好，就不會存
在這裡了。「不夠好」成了我們這充滿罪咎的個體生命
的基礎；而「夠好」則意味著我們配與上主同在，是**至
善生命**（也就是柏拉圖對於「至高無上」或是「絕對無
二」境界的稱呼）的一部分。我們屬於上主的生命，而
上主是完美無瑕的至善，這表示，我們不可能是那個
「小我」。但是，為了要讓自己這個我繼續存活下去，
我們非得「不夠好」才行。再強調一次，得高分也好，
不及格也罷；離天堂咫尺也好，千里也罷，我們仍在天
堂之外。

病人一邊哀悼著他們失去的愛與純潔，**一邊卻暗自
竊喜**。唯有當我們漸漸明瞭我們的輓歌是在哀悼自己，
療癒才有機會登場。要知道，我們今天之所以這樣，不
是任何人造成的，不能怪罪父母、基因或前世。我們會

這樣，全是出自心靈**此時此刻**的決定；這表示，我們想要重彈哀歌還是另譜新曲，全然操之於自己。再說一次，我們必須看出自己在「不夠好」上頭投入多少心力，然後再從周遭人事物證明自己的判斷正確。我們的父母、子女、學生、工作表現以及生活中各種夥伴的不完美，都是這個不正常世界裡的正常現象，但我們的不完美絕非他們造成的。

　　所幸，上主乃是完美的。其實，小我的瑕疵並非我們不安的肇因，我們緊盯著它的不完美，才是我們煩惱的真正根源。何況這是我們自己的夢，別人怎能為我們的感受負責？倘若今晚某人在我們的夢中惹火我們，我們不可能隔天一早為了他在夢裡說的話而痛罵他一頓。然而，這卻是我們一直在做的事。假使孩子惹我們生氣，那是因為我們自己在夢中決定要生氣的。我們將孩子寫進自己的劇本裡，要他們當代罪羔羊，為自己的不幸負責，給自己一些藉口。孩子於是成了我們絕佳的擋箭牌，要是他們失敗了，我們便能理直氣壯地說，是**他們**毀了我們的一生。我們受不了時會說，恨不得他們趕快長大，搬出這個房子，我們好重新過自己想過的日子。另一種情況，則是利用孩子的成就來提升自我價

值，向人吹噓：「我兒子當醫生呢！」就這樣，孩子孕育出下一代，類似的情節一再重新上演。

倘若我們能轉身向聖靈求助，便會聽到祂告訴我們，孩子提供我們極佳的學習課堂。聖靈會教我們看出，這是我們自己的夢，要是心裡不安，絕不是子孫或其他任何人造成的；要是煩惱不斷，也只因心靈存心將平安摒拒在外。聖靈會在這課堂裡（如今已被我們翻覆成了一處戰場）教我們看出，這是**我們**打造的戰場，至於孩子在他們的夢裡做了什麼，與我們全然無關。問題是，我們根本不想聽到聖靈這席話，於是要求耶穌施展神威幫我們修補我們與子女、父母或其他人際關係。然而，耶穌真正能協助之處，乃是提醒我們，這是我們自己唱出的哀歌，這首哀歌不僅猶如噩夢，而且反覆上演，我們還戀戀不捨，呵護備至。

這就是為什麼〈正文〉說，通往平安的前三個障礙是罪咎、痛苦與死亡的**魅力**（T-19.IV.一~三）。這個說法，看似有違常理，但我們確實很渴望這三個障礙，並且在夢裡將它們弄假成真。小我有一個高明的防衛伎倆，就是設法讓我們相信，我們對這三樣東西避之猶恐不及，怎麼可能把它們當成寶貝？但唯有認清小我的伎

倆，我們才有療癒的希望。因此，《奇蹟課程》反覆所談的，不在改變這個夢境，或具體改善人生畫面，它要改變的，乃是這夢的**本質**，也就是小我思想體系的魅力。我們必須正視自己對罪咎的渴望、對**不夠好**的企盼，而後承認：「這一切都是我打造出來的。正因它出自我手，我自能放手。」我們就這樣重歸自由了。

在〈正文〉「禁錮與自由之別」一節中，耶穌告訴我們，我們內在擁有解錮之法（T-8.II）。身體不可能有真實的自由，它也給不了你真實的自由，真正的自由，乃是從罪咎中脫身。罪咎才是囚禁我們的元凶，然而，看守囚門的獄卒卻是我們自己。既然握有監獄鑰匙的是我們，那麼，能打開牢門的，當然也只有自己了。為此，耶穌說：「寬恕是幸福的關鍵。」（W-121）我們必須將這把鑰匙插入心靈的鎖孔中，才開啟得了它。寬恕告訴我們，問題不在別人身上，而在我們自己；我們應當慶幸，自己終於找到了下手處。我們無法操控孩子或任何人的生活，卻能掌控自己看待他人生命的眼光。若想真正自由，必須認清自己多想遭受不公對待（待自己不公的，正是我自己），我們多麼沉溺於自己「不夠好」，而且「永遠都不夠好」的心態中。

為孩子的殘疾感到愧疚

問：請教你，要是我們生出殘障或智能不足的孩子，該怎麼處理心中的愧疚？倘若我們對這類孩子心生排斥，甚至厭惡，怎麼辦？

肯恩：小我的居心總是千篇一律，即便表相好似不同。它千方百計尋找讓你愧疚的機會，小我就是靠這個生存的，這也是為什麼父母的小我會緊盯著子女的瑕疵不放。我們一遇到這種狀況，立刻滿懷愧疚地指責自己，尤其是受新時代思潮影響的人，會說：「要是我已療癒，就不會吸引這種不完美的生命來當我的孩子了。這全是我的錯。」然而，這種自責之聲來得有多快，就有多快露出對別人譴責時的猙獰面孔：「也許我有錯，但是我今天會這樣，都是父母造成的。」或是：「上帝對我真是不公，只要看看祂怎麼整那可憐的約伯，就可想而知了。」或者：「都是因為這個畸型孩子業障深重。」這些顯然都是將自身罪咎投射出去，並為自己的怨忿尋找藉口。

要跳脫這種罪咎與攻擊的惡性循環，唯一的方法就

是看穿小我的詭計，選擇另一位老師所教的另一種眼光，將每件事都視爲上主（也就是聖靈）要我們學習的人生功課（W-193）。換句話說，孩子是家庭**每一個**成員共同選擇的教室，爲的是一起學習寬恕的課程。身體可能有瑕疵（它永遠不可能完美，因它不過是個肖似上主所造神聖生命的劣質贗品），但心靈仍能選擇「一件完美的事」，作出「一個完美的抉擇」（T-25.VI.5:1），而將不完美的境遇轉化成學習寬恕的絕佳機會，以感恩與平安取代原有的罪咎與怨懟。

對養子女與繼子女的愧疚感

問：可否請你談談有關收養孩子的問題，以及養父母在這方面的愧疚感。

肯恩：要了解這方面的內疚其實不難，因爲，我們每個人都認爲自己離棄了天上眞實的父母，轉由人間收養，再將此內疚投射出去，而認爲自己是天父不要的棄兒。沒有親生子女可投射罪咎，於是退而收養孩子，不過是小我急著尋找投射對象的一條近路：「看看我幹的

好事，我一定業障深重，才無法生孩子，這個有缺陷的我只好將就那個不完美的養子。」如同我先前說的，唯一的解脫之道，乃是看穿小我的罪咎遊戲，不聽它的那一套。耶穌一再強調這部課程十分單純（T-31.I），因為人間所有問題都是同一回事──選擇了罪咎；而每個問題的解決之道也都一樣──選擇寬恕的奇蹟。

問：我想接著問，那麼前夫或前妻的小孩呢？

肯恩：每一種關係的本質都相同，它們不可能有所區別。這類「非親生子女」的問題，關鍵就在於，小我總認為孩子必須「從己身所出」才算正常，彷彿小我及這個充滿形體的世界有所謂的「正常」這回事。其實就在我們認為自己與生命根源分裂，開始作這場人生大夢，從那一刻起，便**沒有一事一物**稱得上正常了。幻相既無層次等級之別，那麼，任何一種親子關係，不論是親生的、領養的、寄養的，還是承接前個婚姻而來的，都說不上正常。因此，試圖區分高下優劣，不過是小我的企圖，想把這個充滿差異與等級的世界弄假成真，好與天堂一體無二的完美世界分庭抗禮。

只要我們不再把自己打造出來的「分別相」當真，

我們便已反映出完美的一體之境。每當我們發現自己對
親生子女與前妻或前夫的子女有差別待遇，不論對哪一
方有所偏心、怨憎或心懷愧疚，我們都必須馬上停下腳
步，轉身尋求耶穌的協助，讓我們能一視同仁地面對**每
一個**孩子，如同他看待每一位兄弟姐妹那般：「我每一
位弟兄都是特殊的。」（T-1.V.3:6）來自不同家庭的成員
共處在同一屋簷下，難免產生摩擦和緊張，但同時也給
我們一個寬恕的機會，寬恕自己打造了這個虛幻的家來
取代那原本一體不分的天家。尤其是當我們一意孤行，
縱容自己的不公平待遇時，我們更需要耶穌來幫助我們
寬恕自己。

悲劇與死亡

問：我的朋友在除草車倒車時，不慎輾過他的小兒
子，孩子不幸身故。最近也有一則報導說，一頭熊攻擊
一名兩歲大的孩子，傷了孩子的母親，又咬死了六歲大
的女兒。請問，父母該怎麼面對這類悲劇？倘若孩子自
殺，要怎麼才能平靜地看待這類親子關係？

肯恩：答案是，你無法平靜看待此事，只要是正常人就不可能。不要企圖用靈性解釋來壓制你的反應與感受，這點極為重要，因為「靈性化」無非是想迴避；倘若無法誠實面對一件事，你是不可能超越過去的。「否認」絕對稱不上是一種心靈的成長。

這可說是人生最難的功課了，奇蹟學員應當時時牢記《課程》開宗明義所言「奇蹟沒有難易之分」（T-1. I.1:1）。它要我們明白，**所有**的問題都是同一回事，**皆是**分裂的「妄心」投射出來的現象，也就是說，一切問題都是我們選擇了小我罪咎、恐懼、苦難與死亡的思想體系後的必然結果。因此，奇蹟也能一舉同時化解**所有**的問題，它會將我們的注意力由身體轉向心靈。只要我們肯重新選擇，以生命取代死亡，以愛取代憤怒，以耶穌取代小我，並將焦點集中在問題的癥結，所有的問題必將迎刃而解。

從世間的眼光來看，把這類悲劇視為「功課」，確實有麻木不仁之嫌；〈練習手冊〉提到深具慧見之人會如何看待這些情景，更顯得好似冷酷無情：

他對痛苦與失落、疾病與哀傷、貧窮饑荒與死

亡，只會一笑置之。（W-187.6:4）

由〈正文〉「超越戰場之上」（T-23.IV）一節可知，面對這些境遇，我們可以有截然不同的看法：所有的問題只有一個，亦即相信小我分裂的思想體系；解決之道也只有一個，亦即相信聖靈的救贖。（W-79,80）

父母在面對這類悲劇時，必須超越自己暗地裡想經驗「不公平待遇」的渴望，否則世間虛妄的同理心只會強化自己內在的受害情結，讓自己一輩子心靈都無法平安，只會一味默默地（也可能沒那麼沉默）感嘆自己的不幸，辛酸地度過餘生，而且怨得理直氣壯。要知道，世上每件事都是上主要我們學習的課程，**無一例外**。倘若我們的目標是要從罪咎、痛苦與死亡之夢覺醒，那麼不論多麼痛苦的經歷，無一不是絕佳的學習機會，我們能從中領悟根本沒有死亡這一回事，因為我們的心靈依然合一如初，儘管表面看似有生離死別的失落。

悲痛欲絕的父母能藉著這類課程而學習，這對其他父母也是最好的見習機會。如果有些父母能夠跳脫小我世界，憶起了聖靈的救贖原則，悟出上主的世界不可能有生離死別之苦，這一示範會幫助其他受苦的父母穿越

小我犧牲與死亡的陷阱。他們活出來的平安，成了最有
說服力的見證，讓世人知道，單憑「正念之心」這一套
觀念，便足以爲充滿死亡氣息的世界帶來平安與喜樂。

3 總結：外在形式與實質內涵

　　大家一定看得出來，本書幾乎三句不離「形式與內涵」，只因「形式與內涵」是《奇蹟課程》大交響樂中一個重要的主題。〈正文〉「選擇圓滿之境」一節裡談到特殊關係（也就是小我分裂與罪咎思想體系的核心），也提出了「形式與內涵」的主題：

> 每當特殊關係引誘你加入這一祭儀去尋找愛，
> 你應記住，愛屬於「內涵」，而非「形式」。
> 特殊關係不過是一種祭禮而已，它企圖犧牲
> 「內涵」而提昇「形式」，以取代上主的位
> 置。「形式」本身沒有意義，而且永遠也不會
> 有意義。（T-16.V.12:1~3）

　　文中雖然沒有明白指出，這段令人震撼的言論乃是針對傳統宗教而發的，即便如此，同一原則仍適用於所有的境遇。不妨回想一般家庭天天上演的劇情便能了解一二：「要是你不再毆打弟弟，要是你學校成績優異，

要是你對父母好一點，要是你的房間保持乾淨，那麼，我就會愛你！」你會發現，這些全都著眼於外在行為，跟宗教的祭禮儀式殊無二致。反之亦然：「假使你沒有把房間打掃乾淨，諸如此類之事，我就不愛你了。」這並不是叫我們不要管束孩子、訂立規矩、提醒他們什麼行為會導致什麼後果，也不是放任孩子為所欲為，那才真的是不愛的表現。這裡談的，乃是孩子無形中學到一種訊息與心態：「我不這樣，媽媽就會生氣，如果我那樣，爸爸就會發飆。」憤怒向來都是代表罪咎提出控訴：「你放學回來前一切都好好的，如今家裡被你搞得天翻地覆；你看，媽媽快被你逼瘋了，爸爸也氣到整晚睡不著，工作可能因此不保。這一切都是你害的。」容我再強調一次，重點不在我們說了什麼，而在我們說的「動機」與「心態」。如同我們先前提到的「令孩子精神分裂的母親」，外在形式說的是一回事（愛），但背後隱藏的內涵又是另一回事（恨）。這種表達模式暗藏極大的殺傷力，不幸的是，我們每個人都在做這樣的事，只是花招不同罷了。

　　耶穌在〈教師指南〉談到這一現象時，特別強調「真誠」的重要性，而真誠正是上主之師十個特質之一

（M-4.II）。耶穌指的，並不是形式上的誠實，或是否合乎事實，而在於我們表達出來的與內心的想法是否一致。打著愛的旗幟，表面上做著愛心的事，心裡卻滿腔憤怒、怨尤與批判，這便是不真誠，因為表裡不一致。儘管外在做出某種表現，然而裡頭的每個細胞、內在的心態表達又大相逕庭，這樣的不真誠自會不脛而走，別人不可能領會不到的，即便大家未必意識到問題所在。棘手的是，你明知有問題卻無法點明。某甲可能對某乙這麼說：「我對你真好，瞧瞧我為你付出的一切。」某乙回答：「是啊，只是，好像哪裡不太對勁。」某甲說：「什麼？我完全照你的意思做耶！」某乙啞口無言。跟某甲這類人實在不好相處，因為他外表上好似做得無懈可擊。

我先前提過，長遠來說，跟一個有目共睹的惡人相處，可能比外表無懈可擊的人還容易。內人葛洛莉是位歷史老師，她總是跟學生說，和希特勒這類人士相處，比較好應付，至少，你很清楚他的思想體系為何。希特勒在他的書《我的奮鬥》中公開表述了自己的思想。比起那些口口聲聲捍衛自由民主、關心人民福祉、實際上卻倒行逆施的政客還更可取。跟隨獨裁者，好歹你知道

自己的結局，因爲他們言行是相符的。跟著他們，你未必活得開心，但至少不會精神錯亂。

再回到「選擇圓滿之境」那段話：

> 你必須認清特殊關係的陰謀才行；這種荒謬的祭典儀式，企圖藉由上主的死亡來盜取其力量，壯大謀害祂的兇手〔指你自己〕之陣容，藉此證明「形式」戰勝了「內涵」，愛也失去了意義。（T-16.V.12:4）

〈約翰福音〉裡有句話說得好：「你們若有彼此相愛的心，眾人因此就認出你們是我的門徒了。」（13:35）它所傳遞的訊息是：假使我們說我們眞心敬愛耶穌，謹遵他的教誨，我們自會愛惜**每一個人**。爲此，形式化的宗教最後都成了一個幌子。我們一方面告訴上帝或耶穌這類神明我們多麼敬愛祂們，一方面又打著祂們的名義憎惡弟兄。假使我們眞心敬愛祂，敬愛這神聖而完美的一體生命，同時又想謀殺這一體生命的某部分，等於在說自己根本不在乎那位上帝。無怪乎耶穌會在《奇蹟課程》中這樣問我們：

> 若能看出特殊關係不過是你戰勝上主的一個標

誌,你還會要它嗎?(T-16.V.10.1)

總之,一旦我們著眼於形式,我們便知道自己已經「脫軌」了;但這並不表示孩子無需遵守家規。關鍵在於你的心態,而非行為,這點再強調幾次也絕不嫌多。每當我們堅持要孩子遵守某種行為規範,而心態上又非出於仁慈與關愛,這時,我們等於給出雙重的訊息。要知道,孩子有沒有把房間整理乾淨不是重點,真正重要的是幫他們從中學到自我的價值,並由此看出,自己與他人乃是「利益共同體」。反之,假使我們的心態是出於懲罰,那就無異於教導他們,我們的利益與他們的利益互相衝突。大家不難猜到,這場鬥爭,誰是最後的贏家?孩子沒把房間打掃乾淨,就沒零用錢可花、沒晚餐可吃、沒車子可開……,種種處罰方式,等於清清楚楚地告訴孩子:這一刻,「分裂意識」在此當家作主。

孩子的課業表現也是父母另一個常見的誘惑。每當我們操心外表的教育成果時,我們應當知道自己已經選擇了小我。例如不顧孩子的健康,逼迫孩子熬夜讀書以取得高分,好讓身為父母的我們引以為傲。然而,我們焉知,也許考不好才是他們的救贖之路;我們焉知,也許對某些孩子來說,輟學對他更好,因為他們可能因而

眞正學到自己的人生功課。身爲父母，必須盡可能去覺察孩子此時此刻的能力與想法，而不把自己的需求強加在孩子身上。經常溫習上頭那段〈正文〉的話（T-16. V.12），能防止我們自欺，整部課程都在提醒我們，有多少時候，我們選擇了小我的心態卻毫無覺察。

因此，假使我們眞的關心孩子的幸福，我們便會設法教導他們明白外在形式與實質內涵之間的不同。切莫忘了，這部課程談的全然無關乎行爲層次，裡頭字字句句都是針對「心」說的，它要我們認清小我罪咎與分裂的心態，我們才可能重新選擇聖靈的寬恕眼光，由雙方的共同利益著眼。我們一旦選擇了「正念之心」，所有念頭都發自於這個愛的源頭，那麼我們所做的一切不可能沒有愛。即使外表可能看似生氣，或者相當嚴格，孩子仍會學到我們內在的平安。

〈教師指南〉導言指出，所謂的「教」，其實就是以身作則（M-in.2:1），而我們隨時隨地都在示範這兩種思想體系，不是教人小我的輸贏心態，就是教人聖靈眼中的雙贏利益。我們能教人、能示範的，就只有這兩樣，此外無他。耶穌在〈正文〉中說：

請勿向人宣揚我無謂的死亡，而應教他們看出
我並沒有死，我正活在你內。（T-11.VI.7:3~4）

在此，我們必須先了解，耶穌究竟是何人，而「他活於我們內」又是什麼意思。耶穌，代表著「完美之愛」的思維方式，他是天堂「一體生命」的倒影。我們必須不將任何人視為「外人」或是與我們不同的個體，才可能反映出那完美的聖念。這個作法即是：不帶評判、不加譴責，也不犧牲實質內涵來哄抬外在形式的價值。

那麼，我們如何知道怎樣對子女最好？身為父母，自然得負起一般父母當盡之責：教孩子不要玩火，別在馬路上戲耍，養成個人衛生，刷牙洗臉等等。隨著子女的成長，父母的角色也應隨之調整。假使我們十分看重教育，我們便會認為孩子最好多受點教育，但說不定他們天生不是讀書的料，也完全興趣缺缺呢？就像我方才說過的，接受正規教育不見得是孩子的最佳選項。

只要我們的出發點不是內疚，也不執著於形式，我們自然會知道怎樣對孩子最好。我們也會知道何時可以督促他們、鼓勵他們再接再厲，何時又該放手。然而，

家庭的重心如果一直陷於特殊關係與外在形式，我們便會進退失據。假使我們認為孩子念完高中、大學，甚至研究所，擁有極高的成就、完美的配偶與圓滿的家庭，他們得成就這個、造就那個才會幸福，那麼我們該知道自己走偏了。我並不是說，孩子不應擁有這一切，我說的是，這是**他們的**生命，不是我們的。為人父母一職，與我們在其他關係中所扮演的角色，並無二致，我們所能做的只是**「親身示範」：選擇聖靈的思想體系，而非小我**。一旦我們作此選擇，心靈的平安（這是選擇聖靈的必然結果）自會流露出來，旁人便能從我們身上看到，他們也能作出相同的選擇。除此，我們什麼也不必做。

總而言之，親子的課題不過是把「救贖原則」套用在親子關係而已。我們愈知道如何選擇愛來取代恐懼、以救贖取代分裂，愛的「內涵」便能由我們身上散發出來。唯有如此，我們才能將自己學到的真理傳揚出去。

下　篇

1 與成年子女的互動

問題討論

不放心孩子的決定

問：一想到兒子都三十一歲了，工作還頻頻出狀況，我就坐立難安。可以請你從《奇蹟課程》的角度談一談母親對子女的操心嗎？

肯恩：〈教師指南〉提過：操心掛慮表面看起來是愛，骨子裡卻隱藏著惡毒的攻擊（M-7.4）。你有多操心，就反映出你有多想掌控兒子的人生，因為這意味著你自以為知道怎樣對他最好。比如說，他應當找個更好的工作、換個更好的老闆等等，這些意念，其實已經否定了他心靈有選擇自己人生功課的能力。每當你開始為這些外在事件（形式）擔憂，為子女的婚姻、工作、財

務、健康，甚至下一代的教養而煩惱不已，你該知道，自己又在故技重施了。即使現在看來，你對他的心靈狀態毫不關心，但在你內心深處，幫你所愛的人在心靈層次上重作選擇，才是你真心企盼之事；而**你**的重新選擇，正是親子關係和所有人際關係唯一符合「正念之心」的目的，你這個「正念」的選擇，能為心愛的人活出見證，讓他知道，他也可以作出同一個抉擇。

　　但是，只要你又開始操心兒子的工作，甚至拿「別人會怎麼看」對他施壓，你就該明白，那很可能是你心中隱藏的內疚在作祟——你擔心自己不是個好母親，才讓兒子誤入歧途，甚至認為他的問題全是你的責任。然而，擺在眼前的事實是，兒子明明已經成年了，你為何不能接受他現在的模樣？他若是個黃口小兒，當然需要父母有形的照顧，但他已經三十一歲了，不是嗎？如果你還要堅持用母親的角色來照顧他，等於在告訴兒子，他還不夠成熟，沒辦法照顧自己。換言之，你寧可為他操心，也不願承認他有權選擇自己的人生。

　　如果你想當個有愛心的母親，真心支持孩子的每一個決定，你就必須放下**你的**內疚，不再讓它從中作梗。你會讓他知道，無論他做什麼，你都一樣愛他。他的選

擇可能愚蠢到讓每個人都感到莫名，比如說，接受一份爛差事、所遇非人，甚至搬到核廢料場附近。就算你百分之百確定他的選擇大有問題，但那是他的選擇！耶穌在「修正錯誤」這一節裡提醒我們，他的小我或許錯了，但你的功課仍是告訴他，他是對的（T-9.III.2）。當然，你未必需要明講，如果他來問你意見，你便可提出看法，而屆時無論他接不接受你的建議，你都要讓他知道「他是對的」，因為無論他做什麼，都動搖不了你們之間的愛，這才是關鍵所在。

我在本書上篇的結尾說過，形式與內涵根本不能兩全，要知道，只要眼光一落入外在形式，你就再也難以顧及愛的實質內涵了。〈心理治療〉有一段話，一語道破了「形式」無足輕重的事實：「形式化的宗教組織在心理治療中沒有存在的必要，形式宗教在宗教裡其實也沒有真正的地位。」（P-2.II.2:1）同樣的，扮好父母親的角色，只是為人父母表達愛的方式之一。當然，在孩子成長的過程中，父母還是應該照料孩子，做所有一般父母該做的事；但是，當他們長大，甚至離家自立之後，除非他們很明確是要向你請教，否則，請把你的關心擺在對孩子的愛的「內涵」層次上。

所謂的「內涵」，就是無論孩子做什麼，你都會愛他，這正是我們渴望從上主那兒聽到的訊息——不論我們自認為對祂做了什麼，依然無損於祂對我們的愛。這也是我們想從每個弟兄那兒得到的保證，因為我們最在意的，就是自己是否真的被寬恕了。每當你的成年子女（或更年輕一點的孩子）跟你唱反調時，他們多少會感到內疚，因為他們心裡清楚你可能是對的。然而，他們之所以這麼做，其實只是想確定：就算他們違逆你，你對他們的愛始終不變。這並不表示你必須贊同他們的每個決定，重要的是，你的心靈選擇了愛，而非加深彼此的內疚。你真正需要鞏固的，其實就是這個選擇。

因此，每當你發現自己又在為孩子的人生擔心時，請盡快收回你的擔憂，提醒自己，倘若一味把焦點放在他的外在表現，一定會傷及愛的「內涵」，因為心靈在此時已經選擇了罪咎，而非愛，這個罪咎是一定會找一個具體形式投射出去的。這時，請試著祈求上天療癒你的心靈，化解你內心通往愛的重重障礙，讓愛自然流露。然後，面對你的兒子，你才說得出口：「我覺得你目前的工作對你可能不是最好的選擇，但是，不論你作何決定，我都支持你。」

問：成年的孩子如果一直有財務問題，不只一次開口跟我要錢，我還能堅守這個立場嗎？我很難拒絕他，尤其是他就快保不住房子了。我怎能眼睜睜地看著孩子因為理財不當而失去棲身之所，難道這也是一種愛？

肯恩：沒有錯，答案永遠都一樣，也就是奇蹟原則第一條：解決問題沒有難易之分，因為問題本身沒有難易之分（T-1.I.1:1），這就是耶穌對小我第一條無明法則（T-23.II.2:3）的回應。拒絕給錢本來不是難事，你之所以難以啓齒，是因為你尙未化解**內在**的衝突，究竟要選擇上主的愛，還是小我的恐懼？這一衝突無關乎外在事件，而是心靈沒辦法義無反顧地只選擇愛。但是，你如果能跳脫問題的**外在形式**，將焦點轉向表相下面的**實質內涵**，你自會作出正確的選擇；而且，不論你最後如何回應，所有發自愛的行爲，都一定能讓**每個**相關的人獲益的。

不願放手的母親

問：你曾經提過，師生和親子關係本質上都是短暫的。二三十年來，我一直是單親媽媽，現在孩子都已長大成人，能夠獨立自主了，孩子們也希望我能放手，可我就是捨不得卸下母親的角色，我實在好掙扎。

肯恩：我先前說過，只要你還緊抓著母親的角色不放，表示你仍覺得自己沒有善盡母職，並且還心懷內疚。你放不下這個角色，或許是你打從心底盼望，它會再給你一個機會彌補過去的錯誤和遺憾，證明你的確是個好母親。然而，「所有防衛措施所『做』的，恰恰變成了它們所『防』的」（T-17.IV.7:1），你越想做個好母親，越想設法彌補自己的罪過，你其實越加強化了自己的內疚，因此也越加覺得自己是個差勁的母親。此刻，你大可對自己說：「我已經盡我所能地撫養這三個孩子，他們終於長大成人，我可以和他們一起放下過去的陰影了。我沒必要害怕卸下母親的角色，我的價值不僅僅如此而已。」

緊抓著過去不放，表示你害怕未來。打個比方，你

可能會擔心下一首曲子太難，唯恐自己學不來，因而反覆重彈同一曲目，甚至同一樂章。你寧願不斷重複自己熟悉的人生經歷，即使它不堪回首，好歹那是你熟悉的；你真正害怕的，其實是全然陌生的未來。內疚會冒出頭來警告你，未來肯定會比過去還糟；寬恕則告訴你，未來必然美好，洋溢平安喜樂，因為你已擺脫了罪咎的重擔。如果你為上述的理由緊抓著母親的角色不放，試問，你要到何時才能逍遙自在？更何況，寬恕自己不僅能釋放自己，你的孩子也會因此更為自由，你才能面帶微笑與他們自在互動。你若能釋放過去，過去的遺憾自然會就此化解，完全不勞你彌補，更不需要你為了贖罪而「犧牲」自己。

和失散二十年的兒子會面

問：我已二十年沒見到兒子了，他今年三十一歲，我最近發現他就住在附近，於是跟他約了明天父親節見面。我一直覺得自己不是個好爸爸，也為此內疚不已，過去二十年來，我一直活在這個陰影下。你所說

的，「要學習做個心靈成熟的大人，請聖靈培養我們的眼光，把父母或子女都視為寬恕路上同行的弟兄姐妹」〔原註〕，這段話對我有很大的啓發。但是，昨晚我作了個夢，夢裡我怎麼做都不對，手機壞了，車子發不動，我的工作一團糟；我借用附近人家的電話，但怎麼撥都沒人接，只聽到答錄機一直重複說：「你是怪胎……你有病，你是怪胎……」接著我就嚇醒了，心想，「我」究竟怎麼了！

肯恩：這些小我模式，是再正常不過的反應了。你當前的要務**不是**繼續鑽牛角尖，而是轉向聖靈，請祂協助你反觀小我的反應，然後你只需靜靜地覺察，其餘什麼也無需做。可以想見的是，明天你和兒子見面時，很難不扛著這三十一年來的心理包袱。此時，你必須明白，你還有另一種選擇，就是以此刻的你坦然面對此刻的他，不再讓這個包袱梗在你們之間。接受他當前的樣子吧，不到明天，你根本不曉得此刻的他是什麼樣子，你只需活出今天的樣子，而不是被過去陰影逼得喘不過來的那個你。記住，你只有這兩種方式可以選擇，別再

〔原註〕請見下篇第二章的討論（本書 PP.173~174）。

做無謂的舉動了。

　　再進一步講，就算你在夢裡怎麼做都不對，但你若不允許自己面對那些經歷，結果反而更糟，只會加深你內心的罪惡感。要記得，你自己隨時都有兩種選擇：一是活在過去那個失敗父親形象的陰影下，另一則是活出今天這個你，也就是今天才開始面對自己並不熟悉那個三十一歲男子的你。明天赴約時，只要記得這兩個選項就夠了，甚至不需祈求聖靈爲你拿掉心理包袱，那是沒有用的。要不是你覺得自己罪孽深重而心懷恐懼，你是不會祈求祂的，可是這種心態恰恰表示你還緊抓著小我不放，聖靈怎麼可能幫得了你？我再強調一次，你只需意識到這兩種選擇，然後告訴自己：「我隨時可以重新選擇。」

　　不妨回想一下這段話：

　　奇蹟幫你看清是你在作這個夢，而且夢中情景
　　都不是眞的。（T-28.II.7:1）

　　另一段話談的同樣是奇蹟，或許還更貼近你目前的感受：

　　它只是一邊面對人生慘境，一邊提醒人心：它

所看到的景象全都虛妄不實。（W-PII.XIII.1:3）

看著你打造出來的自我形象，無論它多麼慘不忍睹，你只需對自己說：「那只是看待我自己的一種方式，但我還有其他選擇，我可以試著放下自己的成見，用另一種眼光面對這個三十一歲的男人。」你只需意識到這兩種觀點，別逼自己立刻要選擇其一，也不用急著改變現狀，如此一來，必會緩解你的緊張，而不至於將今天、今晚或明天早上耗在不必要的焦慮中。總之，接納你目前對自己的觀感，同時明白，明天你還有別的路可以選擇：一是任憑過去的包袱拖垮你，另一則是活在當下此刻的情境裡。〔原註〕

女兒老愛遲到

問：我女兒老愛遲到，而且根本是衝著我來的。有一天，我和她約好一起去逛街，說好星期六早上九點碰面。我星期六通常都睡到很晚，但那天我刻意早起，就

〔原註〕後來，父子兩人的會面很順利。

爲了和她出門。結果她到十點才出現，我簡直氣炸了，認爲她根本是故意的。她一進門，我衝口就說，我非常不喜歡她遲到，至少也該給我一通電話才是。她回我，如果我想跟她一道逛街，那很好；但如果我要對她說教，她寧可不去。我賭氣說我不去了。最後，她一個人去，我待在家裡。我覺得自己生氣是情有可原的，我這輩子從沒這麼痛恨誰過，眞沒想到，那個人竟然會是我的女兒。

　　一個早上就這麼過了，我愈來愈難受，等那股氣不再那麼高漲之後，我聽到心裡有個聲音說：「妳只是拿『時間』作爲武器，把她推開而已！」儘管如此，我還是不願打電話跟她道歉。一直到了傍晚，我再也忍受不了心中的痛楚，只好打電話給她，跟她說我不該拿時間大作文章。她本來還想跟我理論，我只淡淡地說：「別提那些了，我們改天再一起出門吧！」我們後來確實一起出門了，整件事也過去了。

　　「把時間當作武器」這一反省讓我赫然發現，自己其實也同樣利用「時間」作爲抵制耶穌的武器——我從來就沒空跟耶穌在一起，就算我很想特別爲他留下一段時間，靜靜地領受他的愛，與他連結，我卻經常縱容過

去的經驗或對未來的恐懼佔據我們共處的時光。你能幫幫我嗎？

　　肯恩：我想，你已經幫了你自己，因你已體認到自己是怎麼用「時間」拒絕別人的。不過，我們可以藉此機會更深入去看──或許你早就渴望那個爭執發生。你其實並不訝異女兒會遲到，她平常就是這樣的，你不過利用她的壞習慣隱藏自己真正的企圖──你早就想修理她了。沒錯，是她把武器放到你手中，也將彈藥交給了你。只是，即使她這次沒有遲到，你還是會找到別的理由發洩不滿的。因此，你真正需要看清的是，你心裡有一部分因她遲到一小時而惱怒不安，但還有一部分的你其實在暗自竊喜。

　　問：你說得沒錯。我的確很喜歡那種理直氣壯的感覺，它讓我感到自己多麼無辜。在這個邪惡的世間，我也只能靠這種方法證明自己是清白無罪的。既然錯誤在她，顯然她有罪，我無罪，那麼我就無需為自己的感受負責了。

　　肯恩：這就是你唯一需要看清的真相。下次，在衝突爆發之前，你只需意識到自己是怎麼引她入彀，好讓

你發火發得理直氣壯。這是你的小我佈下的騙局，不是為了她遲到，而是給你機會發洩自己的不滿。

不再犧牲

問：早年，我從不為自己打算，只懂得為子女犧牲、為丈夫犧牲、為父母犧牲。畢竟，全世界都說這是「**份內之事**」，為此，我活得滿腹怨尤。後來上了年紀，尤其接觸了《課程》之後，我開始學會為**我**自己著想，不再處處遷就別人。想當年，我決定離開丈夫與孩子時，全世界都對我說：「你真是個壞女人，怎麼可以這樣？你究竟是怎樣的人啊？一個人躲得遠遠的，怎麼忍心做這種事？」這一步，我走得好辛苦，但我做到了。今天，即使讓我再重新選擇一次，我還是會這麼做的。只不過現在聽到你說，我們多麼的自以為是，滿腦子都是「我、我、我」，我開始迷惑了。現在的我，要是不把自己的需求擺在第一位，就會忍不住怨尤。我真的不想再依循傳統，盡老奶奶的責任，就算孫兒們並不常來看我，我也能接受，而且老實說，他們也根本不在

乎。我們雖然住得很遠，但關係倒也差強人意。我提問，是因爲你的說法讓我很困惑。

肯恩：就某個層面來說，你若不照顧自己，就不可能愛身邊的人，然而，那也要看你是怎麼定義「**我、我、我**」的。打個比方來說，空服員在起飛前，不是要指導旅客使用氧氣罩嗎？他們一定會強調，你得自己先戴上氧氣罩，再幫小孩戴。如果你不先戴上，是不可能幫助別人的。所以你說得沒錯，你確實該先照顧自己。不過，以小我的觀念而言，一旦照顧了自己，一定會**犧牲別人。**

倘若由正念之心著眼，所謂「照顧自己」，即是盡己所能地療癒自己。唯有如此，無論是哪一種人際關係，你才能眞正愛身邊的人。心靈如果沒有眞正療癒，便很容易掉入犧牲的陷阱，而犧牲正是特殊關係的淵藪，它與愛背道而馳，最後總有一方要付出代價。可以說，早年的你，爲了他人而犧牲自己，其實是想從他人身上偷點愛來，讓他們認爲你是好妻子、好媽媽、好女兒、好祖母或好朋友，只因你總是爲他人犧牲奉獻；但說穿了，你不過在跟每個人做類似的交易罷了。雖然世間相當看重這些特殊的交易，但別忘了，這是一個極其

瘋狂的世界！

　　為此，你必須從另一個角度出發，試著在自己內裡體驗到生命的完整，久而久之，你就不至於為了自己的療癒而犧牲他人。但是，容我提醒一下，你若是千方百計地**避免**傷害別人，表示你心裡**一定**很想傷害他們，否則，你不會花這麼大的力氣去遏止自己，這就是佛洛依德說的**反向作用**（reaction formation），是一種最自然不過的心理反應。換句話說，如果你對某件事的心態十分篤定，你既不會大驚小怪，也不會一意孤行，非說服別人不可，當然更無需如何惺惺作態。因為你擁有足夠的自信，故也只會顯現心安理得的寧靜。套句莎士比亞在《哈姆雷特》第三幕第二場的名言：「我覺得這位妃子太常發誓了。」是的，缺乏信心的人才需要偽裝。如果你總是怕傷害人，那麼，你得留意內心隱藏的攻擊傾向；否則，仇恨只會在心裡不斷醞釀發酵，趁你不備，以極為不仁的方式投射出去。

　　問：要是我的行為傷害了某個孩子，而我覺得那是為了自己的療癒才不得不如此，那麼，我可以設法向孩子解釋我的本意，只要我的出發點是愛就可以了，是這樣嗎？

肯恩：請別忘了，一個人必須先對自己內在的圓滿境地有相當程度的體驗，才可能真正發自於愛，而且還能幫得上忙。當然，你無需強迫自己十全十美。與人分享療癒過程，對雙方多少都會有好處。只是你要記住，這完全取決於你的動機：究竟那是發自愛，還是恐懼？究竟是意在分享，還是凸顯與人不同？

2 成年子女

治癒與父母的關係

接下來，我們談談成年的子女。不見得每個人都有機會當父母，但我們一定都當過孩子，因此，「親子關係」也成了我們勢必要面對的課題。現在先讀一段佛洛依德的〈家庭羅曼史〉，本書上篇也曾引用這段話：

> 成長過程中，必須掙脫父母權威的束縛，這是成長路上最痛的代價。這一自我解放非但是必須的，而且理當發生，我們可以這麼說，只要是正常人，或多或少都需要經歷某種程度的解放。

沒有錯，掙脫父母權威對心靈的束縛，正是衡量一個人成熟與否的重要指標（即使稱不上是**最重要**的指標）。若由比較具體的角度來定義「成年」，就是我

們能否從「**內涵**」而非「形式」的層次來看待我們的父母。也就是說，面對父母時，倘若一個人仍以孩子自居，他是絕不可能脫離幼兒心態的。當他五歲或十五歲，把自己看成一個孩子，是恰如其份的，但到了三十歲或五十歲，就不免匪夷所思了。認定自己仍活在父母的權威之下，正是一種典型的愛恨交織的特殊關係。讀者不難想起佛洛依德的「戀父戀母情結」：我們會愛戀異性的一方而妒恨同性的一方，並把後者當作競爭對手。可以說，我們這一生所有愛與恨的特殊關係，都不自覺地重演我們與父母某一方的關係。

孩子對父母未必始終妒恨一方而愛戀另一方，他們對父母或妒或愛，往往是交替更迭的。只要一個人還想從父母那兒獲得什麼，無論是贊同、支持、疼愛或關注，他就會強化自己的孩童身分，也因此更加長不大了。進而言之，我們之所以想要維繫這種特殊關係，其實是為了某種「依附感」，想藉此取代我們原本依附上主的那種安全感。我們認定上主不會俯允那份希求，只好轉而向父母或其他人索取。有了這些特殊關係，無形中等於向上主和耶穌宣告：「既然你不會給我所需的愛、關注與肯定，我只好自尋替身。這麼一來，我再也不需要你了。」

　　小我是我們最早用來取代上主的替代品，它再三保證它那一套想法非但能保護我們，還會珍惜甚至捍衛我們的個體身分。結果，它投射出一具身體，從誕生，甚至還在母胎中，就開始為自己打造種種依附關係，護守我們的個體性。這一依存關係原本是正常的成長過程，但只要我們在心理上始終需要依賴父母的肯定，就算生理已完全成熟，我們仍然是個長不大的孩子；且在同時，這一選擇讓我們理所當然地將痛苦歸咎於父母，因為我們是**他們**的孩子，跟上主一點關係都沒有。問題是，要是我們還記得自己是上主之子，我們就會接受耶穌這位兄長，請他幫助我們成長，所有狀況也會隨之改觀。然而，只因我們害怕失去自我，以至於始終跨不出這一步。直到今天，我們還是如此，不斷地把自己的責任投射出去，認為一生所有的不快樂、不順遂，全是因為父母對我們做了這個或那個，而且他們從來就如此。總歸一句，我既然得不到父母的肯定與疼愛，又怎能怪我到了現在還在四處尋覓別人的關愛與肯定！

　　我們對父母最典型的反應就是棄守，一如我們當初對上主的反應；棄守之後，轉身尋找其他權威的肯定，無論是老師、上司、治療師、配偶、政治人物、運動明

星，總有個人會讓我們覺得自己是有價值的。連小孩子都有心儀的偶像，他們會特別去買某個品牌的東西，只因偶像在廣告中這麼推薦。大人也同樣如此。我們就這麼找到了其他的權威來取代父母的權威，這跟我們當初用小我取代上主的伎倆如出一轍。當然，這算不上什麼罪過，至多只是具體呈現了小我思想體系的運作模式而已。認清這一事實真相，對每個人的自我認知，可謂意義重大。**「我與父母之間是怎樣的關係」**，不僅是評估自我成熟度的重要指標，也是心理治療的關鍵問題——並不是因為過去的創傷造成了今日的問題，而是我們會由自己與父母的關係看出自己所有人際關係的端倪。

假使我們與父母的關係沒有完全療癒，舊戲便會不斷重演，反映出我們與上主之間未曾療癒的關係。我們認為自己與上主有未解的宿怨，上主也不會善罷甘休，這一衝突必會一而再、再而三地在所有人際關係中重演。耶穌在〈正文〉說過，每個人都有權威情結，我們與他人的權威情結不過是那「萬惡（罪）之源」(T-3. VI.7:3)，也就是天人之間權威情結的冰山一角。罪咎是很抽象的觀念，既看不到也摸不著，但我們不難在種種人際關係看到它的殘影，在那當中，我們與父母的關係

即是第一個有待寬恕的一環。要知道，所有的人際關係
只存在於心靈，因此即使父母已經離世，這些尚未寬恕
的關係並非永無療癒的可能，而彼此間的心結也不會憑
空消失。問題不在於父母對我們做了什麼或如何疏忽，
而是我們寧可任由過去的經歷來左右目前的生活。我們
以為，只要一口咬定「一切都是別人害的」，就能神奇
地免除自己的內疚之感。

　　我們必須好好檢視自己與家人的關係，因為這正是
療癒的下手處。隨著年歲增長，我們必須反過來照顧年
邁體衰的雙親，這門功課便會顯得更加白熱化。無論把
父母送到安養院，或跟我們同住，他們都再也無法勝任
那個曾經協助我們、照顧我們的角色，我們不能不學著
當「父母的父母」。屆時，看護父母的差事究竟令人子
甘之如飴，還是無可承受的重擔，端看我們與父母的關
係已經療癒到什麼程度而定。一個人倘若一直認為自己
不被疼愛，從未獲得肯定，甚至不曾被好好呵護過，怎
麼可能仁慈地照顧父母？即使他的所作所為符合一般人
眼中的孝道，但他就是沒辦法真正愛父母。竭盡心力的
「照顧」，只因「這是我的責任」，然而，那份未曾療
癒的傷痛，時時在心中發作，難掩怨懟地向父母抗議：

「我成長過程需要你的時候，你不在，現在你有什麼資格要求我留在這裡照顧你？」

多年前的一次研習中，有一位學員提到他母親罹患癌症，正瀕臨死亡，而他與母親的關係糟糕透頂。他說，當診斷確定是癌症，母親顯然難逃此劫，那時，他心裡有個聲音對母親說：「你活該！」他甚至為了母親的癌症還會拖上一陣子而忿忿不平。雖然如此，他說出這個心聲的同時，也是備感羞愧的。他非常誠實，也勇於說出真實的感受，對大多數人而言，只要一浮現類似的念頭，就會被一股強大的內疚嚇到，轉而急著打壓那些想法，一邊打壓，一邊又免不了投射出去，形成所謂的「被動攻擊」。一般而言，面對父母，我們不至於明目張膽的攻擊，然而骨子裡卻常常陽奉陰違，消極抗議。外表再怎麼孝順、怎麼殷勤，但心裡完全明白，其中缺乏真正的愛和仁慈。

我們若能療癒與父母的關係，不再將「父母」的框架強加在他們身上，漸漸看出他們是與我們走在同一條救恩道上的弟兄姊妹，與我們自己毫無不同，自然不會陷入上述的困境。只要我們能後退一步，客觀地看待父母親，便不難發現，他們的父母可能也不那麼愛他們，

他們也同樣有自己的小我要應付。於是，我們可以告訴自己：「沒錯，我需要他們的時候，他們不見得在我身邊，也不怎麼疼愛我，甚至對我動粗。但我知道，他們已經竭盡所能，而我也盡力了，每個人都盡力了。」如此，我們才可能不帶批判地以愛與寬容的眼光看待他們。反之，如果我們內心仍將「父母」的框架套在他們身上，這種愛的眼光是出不來的。

我們跟耶穌的關係也一樣，只要我們仍視他為聞聲救苦的老大哥，我們便永遠長不大。耶穌在〈正文〉第四章第一節「正授與正學」中告訴我們，他的目標是要使我們「肖似於他」。他也跟比爾這麼說（請見上篇）。即使耶穌確實是兄長，但他並不優於我們，我們也不亞於他，而他最期盼的，就是我們有朝一日能與他平起平坐。然而，倘若我們繼續矮化自己，把自己看成需要照顧、呵護的嬰兒，縱然他帶給我們的是真正的愛的關係，強調的是一體性，根本無意加深我們的特殊性和分別心，我們還是會沉溺在與他的特殊關係裡，一樣會愛恨交織，難以自拔。雖然我們信誓旦旦，口口聲聲多愛耶穌，耶穌仍不忘在《奇蹟課程》中請求我們的寬恕（T-19.IV.二.6；T-20.I.2:8），因為只要我們還認為他

有別於我們，我們是不可能眞正愛他的。同樣的，倘若
我們覺得父母手中握有我們需要卻從未得到的東西，無
論是關愛、肯定，甚或金錢，我們便不可能眞心愛他
們，因爲我們打從心底就覺得他們和我們不同。容我再
說一次，人是不可能眞正去愛一個他覺得與自己不同的
人的。

　　小我的第四與第五條無明法則說，假使有人與我們
不同，那代表他們一定擁有我們所缺的某物，而且還是
從我們身上奪走的東西（T-23.II.9~12）。既然如此，將
失物奪回，豈非理所當然之事！只不過這麼一來，如
果我們覺得某個人不同於我們，則此人與我們的關係還
有什麼希望可言？這並非說，我們不可以欣賞有智慧的
人並向他學習，只是，在此同時，我們一定要抱持正確
的心態，因爲那個人身上具備的也同樣是我們擁有的。
這位智者會幫我們看出，他的愛與智慧，我們也都有，
這正是他能帶給我們最大的禮物。他不會把眼前短暫的
差異當眞，一心只願拉我們一把，讓彼此的差異消失殆
盡。同理，父母眞正的責任即是協助孩子成長，直到與
自己等同。我說的當然是指實質內涵上的平等，而非表
面形式上的不分軒輊。

整體來說，好好把照料父母當作人生的課程，對我們會有莫大的助益，藉此機會，我們得以探觸自己其實不想照顧他們的怨，讓關係中縈繞不去的種種負面感受浮上意識。最後，我們終會明白，問題的癥結不在於自己不想寬恕他們，而在於我們不願寬恕自己。

問題討論

童年受虐的陰影

問：我不懂心理學，想請你解釋一下，比爾是怎麼把自己的小我問題帶進人際關係裡，好比說他與父親的關係。還有，他和其他人的關係好嗎？

肯恩：佛洛依德說過，**「強迫性重複症」**（repetition compulsion）之患者會情不自禁地重複某些反常的行為模式。比爾正是如此，我們每個人或多或少也有類似情況。比爾從小到大雖然稱不上受虐，但他內心深處總覺得自己不被疼愛，沒有得到父母的接納，父親跑

來搗毀他的辦公室就是一例。表面看來，這事好似莫名其妙**掉**到比爾頭上，但說到底，是比爾自己希望這件事發生的，可以說，這是他自己招來的結果。比爾和我們每個人一樣，自己先拒絕了上主的愛，然後再否認這一心念，將責任投射於外，編出一套「父母拒我於千里之外」的人生劇本。這下子，拒絕愛的不是比爾，而是他的父母，比爾雖顯得無比可憐，但他至少保住了自己的**無辜**。這一整套劇本正中小我下懷，於是，比爾老是遇上會拋棄、背叛、排斥他的人，每發生一次，他就能更理直氣壯地說：「看吧，又來了。我還能相信誰？我得築個圍牆，不讓人靠近。一旦太靠近，難保他們不會像我父母和其他朋友那樣背叛我！**這一切都不是我的錯**。我絕不想再受傷了，還是離每個人都遠一點比較保險。」

耐人尋味的是，即使別人並沒有真正拒絕我們，我們仍然情不自禁地認定對方必會如此。要知道，這完全是我們根深柢固的想法，外在是否真的發生，或事實的真相如何，已非問題的關鍵，即使親友對我們尚稱仁慈友善，我們還是會編造出「眾叛親離」的故事，視他們為不仁不慈之輩。是的，人們必須不義，我們才好脫

罪，不用對自己的處境負責。

前面提過，耶穌在〈心理治療〉一文點出了心理治療師真正的任務：以不設防的心態面對患者的攻擊（P-2.IV.9~10）。從事心理治療的人都知道，患者對治療師常有又愛又恨的「移情反應」，他們突然冒出的憤恨，其實並不是衝著治療師而發的，因此，治療師的任務就只是不以任何防衛的言行回應患者的攻擊，這樣的不設防，足以向患者表明治療師並沒有受到傷害，患者無需內疚，故也無需防衛，乃至費勁為自己脫罪。

這個原則一樣可套用在親子關係，父母若能不設防地面對孩子的攻擊，孩子才可能學到「外在攻擊未必是衝著我而來」的一課。「設防」在此主要是指心態，而不限於外在行為。倘若孩子一攻擊，父母便自我保護，無異於示範了「只要一受到攻擊，就得馬上捍衛自己，管他是爹地媽咪，還是外人」。試問一下，我們是否經常這樣教育彼此，鞏固了小我的思想體系而不自知。請牢牢記住，不論身為父母、老師、治療師或任何權威角色，唯一的功課都是「以不還擊來回應攻擊」(P-2.IV.10:2)，這表示我們對自己或他人都已放下了「人我有別」的心態。

　　我若以牙還牙，表示我打算繼續維持「你我有別」的分別心。然而話說回來，我之所以不設防，並不表示我不該把話講明，不該訂好遊戲規則，我們的不設防只是告訴對方：你的攻擊絲毫影響不了我。這種心態也反映出上主對我們的攻擊之「回應」：壓根兒沒事！由此不難看出《奇蹟課程》的上主與《聖經》的上帝，兩者間的鮮明對比，《聖經》的上帝必會捍衛祂的權威，向攻擊祂的子民說：「我是上帝，你竟然膽敢這樣跟我說話！約伯的遭遇還不夠你警惕嗎？看看他，你就知道反抗我的下場：你會一無所有，你會失去所愛的一切！」

　　身為父母，很多時候就像《聖經》的上帝，缺乏耐心且易怒。《聖經》有一句話：「落在永生神的手裡，真是可怕的！」（希伯來書 10:31）我們很清楚這句話是玩真的，因為這位「永生之神」時而慈愛，時而盛怒，令人難以捉摸。為人父母也一樣。事實上，這就是我們孩提時的經驗，父母有時疼愛有加，有時卻可怕萬分。師生關係，治療師與患者的醫病關係也是如此。世上每一個人都有稱心如意的日子，也有事事不順的時候。儘管如此，我們的目標仍是活出真實上主的回應方式：面對攻擊，毫不反擊。當我們被小我牽著鼻子走，

又掉入孩子的沙坑裡，此時，請務必記得寬恕自己。為人父母者也只是個大一點的孩子，表面上看來，我們贏得這場「沙仗」的勝算頗高，但是，只要一陷在沙坑裡，每個人都是輸家。

我對父母不孝，子女怎麼可能愛我？

問：如果情況相反，是子女對不起父母，又該如何化解呢？我和孩子盡量保持距離，免得他們將來不孝，傷我的心。我不曉得怎麼打開這個心結。如果孩子沒有主動打電話來，我也不想打過去。我大概知道我心裡是怎麼一回事，在我記憶中，我小時候專跟**我**媽過不去，想到這，我很內疚。

肯恩：首先，要認出問題的根源在於**你**，而不在你的孩子。第二步則是，看出你是怎麼把內疚當真的，認為自己是個不肖子，活該要承受下一代不孝的報應。比爾也有類似的問題，他將成年後的問題歸咎於童年遭遇，而這就是耶穌要比爾修正的錯誤。此刻的你，同樣將成年後的問題推到你的童年經驗，其實那個經驗不是

掉到你頭上的，而是**你自己打造**出來的。要知道，究竟是父母虐待你，還是你修理父母，都不是問題的關鍵，背後都是同一套小我「罪咎與攻擊」的思想體系。真正的問題所在，是成年後的你仍舊緊抓著這套想法不放，並把你此刻無法慈愛地寬恕孩子的問題全歸咎到這上頭。試圖找出過去的癥結，本身並沒什麼錯，只是，你的焦點應放在現在怎麼對待你的子女。此時此刻，你可以選擇當個仁父慈母，也可以繼續報復、懲罰下去。

問：但我著實不敢相信，在我做了那些事後，他們還會愛我。

肯恩：你看！你還想繼續把它當成問題。不論我或《課程》說什麼，你的答覆依舊是：「但是，看看我小時候幹的好事，我怎麼配得到愛呢？」你正在做跟比爾同樣的事情，他一再重述父親如何破壞他剛裝潢好的辦公室那個故事。你也和《古舟子詠》的主角一樣，逢人就說自己射殺了那隻信天翁。信天翁全身雪白，象徵著我們純潔無罪的本性，你認為自己扼殺了那個純潔本性！瞧瞧，這個孩子多麼邪惡，竟然可以摧毀父母的純潔本性。在永世的自我詛咒下，你怎麼可能接受愛？你必須清楚看出，你如何藉過去的創傷為自己的情緒不斷

加油添醋。然後，對自己說：「我可以放它走了。問題不在小時候的我做了什麼，問題在於此刻的我如何畏懼愛。這種恐懼雖不至於加深我的罪咎，但它確實使我不快樂。」

你若敢誠實地面對問題，好好體會自己在重述這個人生故事時是多麼地不快樂，如此，一定會幫你更快放下這段過去。容我再提醒一次，正因為此刻的你害怕愛，於是抓著過去的「罪」當藉口，這種抵制手法的高明之處就在於我們改變不了小時候所犯的錯──如果當下問題的成因是一段無從化解的過往，那就真的回天乏術了。你應將這種絕望感當成一個警訊，明白這正是小我作祟的徵兆；小我一點也不希望你看到**當下**即是扭轉乾坤的機會。事實上，只要你甘心放下那段過去，你對愛的恐懼馬上就會解除。

別將你的問題、成就與自我形象歸因於父母

問：你一直在說，我們不能將自己的困境怪罪到父母身上。那麼，是不是反之亦然？也就是說，我們無需

將自己的成就歸功於父母。不過，由於上一代事業成功，兒女輕而易舉在商場佔一席之地，這類故事其實屢見不鮮。

肯恩：假使你父親是個非常出色的企業家，並且把一身本領傳授給你，你的確很有機會成為一位成功的商人。但話說回來，世俗的功成名就並不是《課程》的目標，《課程》旨在扭轉我們人生的方向，要我們憶起自己乃是上主的子女——就這個層次而言，我們的問題與父母並無關係。當然，在「形式」層次上，父母對我們的影響非同小可，這一點無需刻意否認，只是，他們的影響也僅限於這個世間，與我們人生的首要任務毫無關聯。我們來到人間，是為了要憶起「我們其實**不在**這兒」，憶起自己是上主之子，而不是小我之子，更非世界之子。可以說，出現於我們身邊的每一個人，從父母開始，都與這個目標扯不上關係，他們最多只能提醒我們早已熟悉的人間事物，一點也無法幫我們憶起真相——這得靠我們內心的抉擇者。至於自我形象，也是同樣的道理，我們對自己的觀感是正面還是負面，都不是父母的責任，他們只不過根據我們心裡早已作下的決定，配合演出而已。

「好爸爸／壞媽媽」的把戲

問：我經常想起小時候的一件事：四歲那年，有一天我收拾了所有的玩具，包括我的寶貝毯子，正要離家出走，恰好在門口碰到下班回來的爸爸。他蹲下來，問我打算上哪兒去。我依稀記得自己非常生氣，大概被媽媽修理了。我告訴爸爸，我要離家出走。他跟我說：「好吧，可是晚餐已經煮好了，先吃飯吧，吃飽後如果還是想離家出走，到時候再走。」他真的很慈愛，我留下來吃了晚餐。後來，當然沒離家出走啦。我一直搞不清那事件的意義。我被老爸打罵過無數次，但是，不知怎的，我一直記得這件事，或許是因為這個回憶象徵了父親的**肯定**。

肯恩：從你的故事聽得出來，你在父母之間作了對比。當時你顯然在跟媽媽賭氣，打算跑得老遠，再也不要見到她。這時，爸爸出現了，他沒跟你說教，而是以愛回應你，於是你改變了心意。這個記憶告訴你的，不光是「只有爸爸呵護你、肯定你」那麼簡單，它還隱含了另一個訊息：**父親愛你，母親不愛你**。你若再往深處挖下去，那個故事就會愈來愈讓你坐立不安。

問：我和爸爸之間的功課已經做得差不多了，我們彼此關心，互相寬容。但說到媽媽，可就不一樣了，我發現愈來愈難和她相處。

肯恩：你這段記憶已經說明了箇中緣由：媽媽永遠都是不好、不對的一方；至於爸爸，即使他會管教你，但他讓你真正感受到愛。你只是在玩「好爸爸／壞媽媽」的離間把戲而已，而你這記憶正好刺中要害。此刻，也許正是你寬恕母親，為她留一席之地，一同完成這部交響曲的時刻。只是，你必須特別留意，自己是怎麼抓著那個小女孩的痛苦記憶不放。每回母親來找你，或是打電話給你，你就想把她推開，推得愈遠愈好；你四歲時就想推開母親，現在還是一樣。請試試看，現在的你，如果可以跳脫「女兒」的角色，像個姊姊一樣待她，你們雙方就自由了。

渴望母親無條件的愛

問：前幾天母親來找我，我跟她聊起自己來這裡上課之後終於能夠重新看待父親了，我希望她能體會我心

裡的平安和寬容。我告訴她，以前我總覺得，只有得到好成績，父親才會愛我。當我說到這兒時，她開始翻白眼。我接著跟她說：「媽，你聽我說，我開心，只因這經驗讓我更理解爸爸，也更能體諒他。我為此滿懷感激！」我還告訴她，這使我與女兒的關係也改觀了。她聽完後，不發一語。她的表情好像在告訴我：「這還用說，你爸爸當然愛你！」顯然，她一點都不想聽我的心聲。我接著說：「我也放下了對女兒的期待，一切都是最好的安排，無需刻意做什麼。」母親也不吃這套。只要我談起父親，她總會說：「過去都過去了，老講這些幹嘛？」我回答：「媽，面對過去，可以幫助我釐清現況。」但她老是潑我冷水。我很想跟她親近一些，卻不知如何建立我們的默契。

　　肯恩：你的錯誤就在於你希望母親了解你目前的心境，而她辦不到，是因為這些觀念對她太陌生了。與你的期待恰好相反的是，**她需要你了解她目前的心境**，她需要你用**她能懂的**語言表達你對她的愛。為此，你必須放下對她的期待，因為她是無法滿足你的需求的。我提過很多次，尤其適用於你的例子，設法把她當成自己的女兒或妹妹，而不是你的母親。此時此刻的**你**，才是這

個關係裡的成人。她心裡對你一定有很多內疚，尤其這些年來，她必然感受得到你的敵意，就算她不明白箇中原委，但她確實感受到了。現在的她，完全不知該怎麼面對你，尤其你口口聲聲說自己是那個她不疼愛也不了解的女兒。事實上，她就是辦不到。如今，你們的角色已經顛倒過來了，此刻的你才是那位必須無條件地愛她的父母。有了這樣的心態，你會知道如何跟她相處，知道該說什麼、該做什麼，對她才有真正的幫助。只要你回到自己的「正念心境」，這事非但不難，也不致引發任何人的犧牲感。

問：我知道你說的都對。可是，這實在不公平，我還是需要她無條件的愛。

肯恩：事實是，她不可能無條件地愛你，更何況那也不是她的義務。但只要你無條件地愛她，你就會得到所有你需要的愛，你不再需要強迫她符合你的期待。這一點，同樣適用於你的女兒，你不需要她考試合格或表現亮眼才能愛她。相同的，你需要把同樣的內涵讓母親真真切切地感受到，她不需要表現得多好，才能贏得你的愛。何況，只要你還需要她給你無條件的愛，你等於聲明自己不配得到愛。此刻，你必須反其道而行，讓她

知道，正**因為**你配得愛，你才能給予她無條件的愛。這是她目前最需要的禮物。只要你肯釋放過去，你會輕鬆很多，你會感受到對方的寬容，而這必然全盤改善你們的母女關係。

問：那麼，如何用對方懂得的語言來表達愛？

肯恩：最好從反面來說，若「用對方懂得的語言來表達愛」，你「不會」做何要求。你不再堅持要母親了解你、懂得你的心路歷程，這在她是辦不到的。為此，「用你母親懂的語言」其實就是，放下你對她的種種要求。她只想知道你寬恕了她，而且深深愛她。要做到這一點，愛她是你唯一需要做的事。倘若你還想從誰身上得到什麼，你是不可能真正愛他的。只要你的需求不再從中作梗，內心的真愛自會以最貼切的方式流露，到時候，你自然知道該說什麼、該做什麼，無需絞盡腦汁去刻意策畫。

對個案比對親人好

問：我從事於受虐兒童的輔導工作，經常接觸所謂的「人渣」。詭異的是，我對那些施虐者很有愛心，但回到家中，面對我親愛的先生與女兒，有時卻希望他們死掉算了，尤其是我先生，他可是全天下最有愛心，最包容我的好人。表面上，我對先生也不錯，但心裡卻總覺得欠他什麼，我知道，這種心態可能意味著我想置他於死。此外，我老覺得自己很差勁、不夠好。我親愛的女兒則像《古舟子詠》裡的信天翁，她一有狀況，一天可以連打十幾通電話，非找到我不可。我有時真希望她掉進太平洋，不要再來煩我。反觀我面對個案中的凌虐者，甚至是猥褻親生兒女的陌生人，卻十分仁慈。我很能體諒他們，也極有耐心，但一回到個人生活圈，每個人都像那隻信天翁，令我負荷不了。

肯恩：你的處境一點兒也不特殊。如同大部分的人，我們有意切割自己的生活，恣意挑選寬恕的對象。反正我們已經在「分別心」這場仗徹頭徹尾地輸給了小我，就算小贏幾場寬恕戰役，非但不會撼動小我的思想體系，還能巧妙地維繫小我的分裂信念：我可以寬恕

這一群人渣，卻容不下我親愛的家人。耐人尋味的是，一般人會為受害者抱不平，而你似乎比較容易與加害者認同，這不僅鞏固了你的分別心，也極可能更進一步分化你與大部分的同事，因為他們不能接受這類「罪大惡極」之人，更不用說，這一心態也讓你與整個社會漸行漸遠。最後，你不得不將你的專業生涯和你的私人生活完全切割開來。這可中了小我下懷，它根本不在乎你在職場如何仁慈，因為骨子裡其實是另一回事，它最終目的不過是要使你感到與眾不同，也就是〈頌禱〉所說的「毀滅性的寬恕」（S-2.II），你則是毀滅性的仁慈。要是你再看清楚一點，你會發現你與這些加害者的關係，本質上也是分裂的，因為你與他們是以「特殊性」結盟的。我並不是說你不該體諒他們，或不該對他們仁慈，我要說的是，他們不過是你分裂戲碼中的一些嘍囉罷了。

問：的確有種優越感在裡頭。

肯恩：是的。就連這種人人唾棄的壞蛋，你都能慈愛以對，這可正中小我的下懷。你若能看清其中的陰謀，對你有很大的幫助。別強迫自己改變，只需留意你的生活如何被分裂意識所操控，即使在你頗為自傲的

職場上，看看你與受害者、加害者以及與同事之間的關係，試著看出「特殊性」如何運作其間。那麼，回到家中，你自然會更有愛心，只因你需要投射出去的罪惡感已經愈來愈少。你在職場中將聖子奧體一分為二，好人壞人涇渭分明，如此，你是不可能不內疚的，正是這份內疚，才使你回到家中，有如落入煉獄。

和父母同型的人結婚？

問：常聽人說，我們嫁娶的對象，要不像自己的父親或母親，否則就是父母的綜合體。若真如此，你怎麼看待這個問題？

肯恩：從心理層面來看，的確有這種現象。我們這一生，各式各樣的人際關係其實都在重演我們和神的愛恨情仇，時時盯著我們心目中的神能否滿足自己的需求。我們的小小世界確實繞著這一主題打轉不已，而小我則不希望我們看穿這一真相。世人會認為這是一種病態反應，心理分析師也要我們化解戀父戀母情結，別再重蹈覆轍。然而，千古以來，我們究竟擺脫了什麼？不

過是一個偶像幻滅，再換另一個偶像罷了。換言之，每個人都在做一樣的事，藉著與父母的關係，一再重演最初我們叫上主滾蛋的那一幕，並且為此驚恐萬分，最後不得不使盡渾身解數，設法撫平祂的怒氣。

我們不難從傳統宗教看出人類如何利誘神甚至操控神的居心：我們循規蹈矩，因為那能博得祂的歡心；我們認定祂不喜歡的，就奉為禁忌和戒律；我們抄寫經書，行禮如儀，這跟孩子討好父母沒有兩樣。我們從小就知道怎麼投父母所好，以便予取予求；我們還知道怎麼跟父母鬥智鬥力，發脾氣耍性子，知道父母反正管不動我們，其實我們心中有一部分渴望父母管教一下，以免讓我們縱容自己的小我，而他們那樣做，才算是真正愛我們。

要如何解除這個障礙？其實，用不著刻意去解它，只需做個普普通通的奇蹟學員，隨時隨地練習寬恕，而且就從眼前的親子關係著手。《課程》是這麼說的，一段關係背後代表了成千上萬個關係，而這成千上萬個關係又各是另外成千上萬個關係的縮影（T-27.V.10:4）。為此，你只需跨過小我的心態，所有的問題自會一解百解，就像骨牌效應，一推就連環倒下，因為你已經化

解了自己投射到無數關係的關鍵問題了。孩子的背後代表的是父母的身影，最後都可溯源至我們與造物主的關係；我們所有的人際關係，全是同一回事。因此，問題不在我們是否落入「和父母結婚」的陷阱；父母只是代表過去，而過去根本不存在。我們無法在時空形式下療癒任何關係，唯一能療癒的，是那顆投射出人間種種關係的心靈。在我寬恕父母之際，我真正寬恕的是當初聽從小我且將此錯誤決定投射到世界的我。由於我們不知道自己有小我，甚至連自己有心靈也不知道，因此不能不透過父母、配偶、子女……等等人際關係去化解當初的錯誤。

我們總以為寬恕是發生在世界上，發生在人群中，其實它是在超乎時空的心靈內完成的。心理學的角度沒錯，我們或多或少都嫁娶了與父母同型的人，這和蘋果落地的重力原理一樣真實。然而，原理並不等於真理，它不過代表了**我們**打造出來的一個受重力原理支配的世界而已。我們也可能營造出另一種世界，裡頭的東西會自行飄浮，而說不定宇宙某處真有這樣的地方。不管如何，在這個世界，我們確實有「與父母類型結婚」的傾向，但我們仍需寬恕此時此刻與我一同生活的人，這正

3 照顧年邁的雙親

問題討論

把父母當成孩子

問：母親照顧了我大半輩子，我怎麼可能把她當成孩子？非但我自己轉不過來，母親也始終不肯鬆手讓我來照管她的生活和財務，而且老實說，我根本就不想介入。她這輩子凡事都自己安排，唉，要把她當作孩子，我的心態實在很難調適。

肯恩：沒錯，真的很難。身為兒女已經很不容易，成年後要照顧孩子脾氣的母親就更難了，何況她根本不覺得自己已經退化為小孩。幸好，我們現在已經深諳箇中訣竅──就是別再以「她的女兒」自居。此刻，你務必改變心態，試著當她的大姊姊，好好照顧這個還自認

是媽媽的大孩子。**你很清楚**，她再也無法勝任母親的角色，現在輪到你這個大姊姊來小心翼翼呵護她，切莫激發她的恐懼。表面上，你繼續扮演女兒的角色，只是心裡雪亮，現在輪到你負起照顧母親的責任。只要你不再繼續將她定位為「母親」，這種角色的轉換就會容易多了。在轉換的過程中，你要特別留意種種警訊，比如不耐煩、惱怒、挫敗的感覺，或是忍不住想斥責、糾正她的衝動，甚至恨不得掐死她、等不及她早死早超生等等負面感受。碰到這種時刻，你應該往內心看，祈求上天幫忙，請祂幫你記得自己已經長大了，而母親不過是個孩子。

照顧父母的責任

　　問：我有一位同事，她必須照顧高齡八十二的老父，我常聽到她跟她父親講電話，既溫柔又貼心，只是我隱約覺得，她把照顧父母當成一種「責任」，期望兒女日後也可以這樣待她。看起來，她好似在為自己鞏固「照顧父母是天經地義」的信念。

肯恩：真正的愛，不會隱含責任的氣息，它只是純粹的「愛」。倘若為了責任和義務而不得不做的話，那根本不是愛，而是特殊性，也就是「外在形式」綁架了「實質內涵」。愛屬於「實質內涵」，禮數和責任則是「外在形式」：你該做這，該做那，這樣才是孝順的子女，那樣才是稱職的父母。可以說，什麼都做了，就是唯獨缺少愛。《課程》從不在行為層次談我們該做什麼或不該做什麼，它僅僅著眼於「實質內涵」──你究竟要選擇「咎」還是「愛」？

倘若你認同社會倫理，認為照顧父母是一個人天經地義的責任，你就理當去照顧父母，如果你堅拒撫養之責，反而是缺乏愛心的表現。然而，《奇蹟課程》有一句話：「不愛，就等於謀害。」（T-23.IV.1:10）如果照顧父母僅僅是基於「應該如此」，擔心不做就會愧疚終生，甚至擔心因此喪失繼承權，這種心態的背後絕非愛，而是恨。真正有愛心的回應是視自己為兄姊，父母則成了有待協助的弟妹或幼兒。想想看，我們怎麼可能不幫助自己所愛的人？

在2005年一場「人生：你的必修課」的研習裡，我曾經提到，人際關係之所以成為必修課程，因為那是我

們自己寫進人生劇本裡的，耶穌借用這個人生教室裡的種種事件及關係，教我們如何具體寬恕，且將這份寬恕推及所有的人。父母養育我們成人，我們照顧他們的後半生，這是人生必修課程的一部分，我們唯有從中學習寬恕，才得以從自己的人生大夢覺醒。

　　只要你回到「正念心境」，秉著父母的心態照顧眼前那個以為自己仍是父母的大孩子，你不可能不去好好照料他們的。這樣做，絕不是為責任所迫，而是因為愛的自然流露。你會看到，愛如何擁抱每一個來到跟前的人，就像溪水流過河床每塊石頭，輕觸每一棵浮木。你會毫不猶疑地自動調整原先的生活方式；唯一可能阻擋愛的自然流動的，是你對往昔緊抓不放的怨尤，以及未曾獲得滿足的需求。倘若如此，即使你的照顧無微不至，動機卻大有可疑。我不是要你為此感到內疚，但你必須知道是什麼在隱隱作祟，你才有改變心態的機會。

　　《課程》是為了幫我們修正錯誤的心念而來的，要是我們認不出問題所在，它哪派得上用場？就算我們奉聖靈和耶穌為「聖師」，卻始終不肯虛心學習，甚至死不認錯，這樣的「聖師」根本有名無實！要知道，小我要的就是這種虛有其表的「學習」。當然，沒有人會期

待我們活得十全十美或如何博愛世人，我們所能做的，
無非是在生活中隨時覺察自己的怨尤，尤其是對父母
的心結，更需警覺看穿小我的詭計。我們之所以對父母
滿腹牢騷，是因為我們暗地裡不肯放下自己對上主的怨
尤，當初就是為此而遠走他鄉，流落人間的。同理，與
父母仍有未解的心結，是再正常不過的，硬要假裝沒有
這回事，才會後患無窮。

　　總之，「對父母的責任」是我們絕佳的學習課堂，
是一個改變心念的難得機會，讓我們尚未療癒的心結浮
上檯面。同樣地，等到我們年邁體衰，開始擔心下一代
會不會照顧我們時，那又是另一個療癒的契機，屆時，
我們雖然不再向父母要求，卻會轉頭向子女索討。可以
說，無論是對父母或對子女，凡是以「滿足需求」為前
提的關係，都是出自我們的「特殊性」。

　　小我之所以造出這具充滿生理、心理與情緒需求的
身體，正是因為這些需求永無饜足之日，就算偶爾被滿
足，也只是短暫的假相。這就是「特殊之愛」的特色，
一旦所欲不得，就轉為「特殊的恨」，成了小我思想體
系的動力，重複上演小我總覺得「上主沒有滿全我們的
需求」那個無明一念。無論父母、手足、朋友、情侶、

配偶還是子女，沒有誰能真正滿足我們的需求。請記得，太陽底下沒有新鮮事（傳道書 1:9），即使我們認定自己與不同的人能夠建立不同的關係，但說穿了，人一生種種的經歷都不過是換湯不換藥而已。

想要開創人生新局，唯有認清人間所有的問題都是同一回事，都是內疚惹的禍，我們才能真正對症下藥。這種心態會使我們眼中的世界煥然一新，外在的一切或許依舊，小我的妄作或許頻仍，有待寬恕之事也一樣層出不窮，但只要我們擺脫「妄見心境」的糾纏，漸漸活出「正見心境」，基督的慧眼自會幫我們認出，原來一切問題、一切心結，全都殊無二致。

沒盡到女兒的責任

問：母親過世五年了，我還是不時想起她，其中有不少愉快的回憶。我們的關係曾經很緊繃，幸好在她離開人世前，我們化解了一些心結。如今只有一個念頭在我心中揮之不去，她生前住在佛羅里達，我在紐約，她生病住院的時候，我南下探望過她一次，其餘全靠電話

聯絡。當時，我很難接受她住院的事實，每回跟她講電話，她也一直吵著要出院。我和她的主治醫師談過之後，深覺自己根本沒有盡到女兒的責任，我實在應該陪在她身邊，要不然也該多探視她幾回，或乾脆接她到紐約就近照顧。

　　肯恩：我們常為這類事情耿耿於懷，這是很普遍的現象。但我說過，事件本身不是關鍵，真正的問題在於：你要用這件事證明自己是個糟透了的女兒。耶穌提醒比爾的就是這一點，比爾忘不了父親毀了他的辦公室，但問題的關鍵不在於他父親如何粗暴，而是比爾**暗自希望**這件事發生，他才能理直氣壯地撇清責任：「不是我的錯！」你的情況也是如此，只是形式不同罷了。這件事之所以令你牽腸掛肚，是因為你要證明自己沒有良心，而不只是因為你沒有經常探視母親，或沒有安排她出院。你藉此而小題大作：「我這個沒良心的女兒，憑什麼得到幸福，老了也不配安享天年。」誰都看得出來，你這種想法大有問題。

　　你記憶中一定少不了對母親體貼關懷的時刻，但是你寧願只記得負面的回憶，才好宣判自己是個不貼心而罪孽深重的女兒。如此一來，哪天等到你可以放下

照顧別人的擔子時，你反而會生病、焦慮不安，這個記憶還會跳出來說你咎由自取。總而言之，問題不在於五年前你做了或沒做什麼，而在於**此時此刻**你依舊緊抓著這個記憶，以便證明自己罪孽深重，這才是真正的癥結所在。唯一的脫身之道，就是學著分別「形式」與「內涵」的不同。你也許不夠貼心，也許當初該多去幾趟佛羅里達；但話說回來，你的做法也可能是最有愛心的方式，天曉得！無論你怎麼做，你當時已竭盡所能。如今事過境遷，你唯一該問自己的是：「為什麼我還不肯放下？」

〈正文〉「當下的記憶」有一段話是這麼說的：

這個世界早已過去了。構成這個世界的念頭，雖一度被心靈想過，也珍惜過，如今已不復存於心中。（T-28.I.1:6~7）

耶穌接著又說，我們的罪咎不斷提醒我們，只要這些念頭存在一天，那個世界就存在一天。然而，那個世界早已結束，它從來就不是問題，你幾年前怎麼對待遠在佛羅里達的母親也不是問題。你到現在依然為此內疚，這問題才嚴重！

　　總歸一句，每當我們因為對父母或子女做了什麼或沒做什麼而愧疚，甚至忍不住埋怨時，我們必須明白，導致愧疚和怨尤的「外在事件」絕非重點，真正棘手的是，我們至今仍抓著內疚和怨尤不放，擋住上主的愛和平安。當下的這個決定，才是我們真正需要改變的。天下沒有完美的子女與父母，人間也沒有一樣東西是完美的，因此，與其將眼光落在「不足之處」，費盡心思證明那些世人皆知的事，還不如兩手一攤，放過自己，重申那擺在面前的真相：「即使我不完美，我還是能活得平安，我還是可以寬恕自己的過錯，不再找自己的碴來為小我助陣，不再無奈接受悲慘的宿命。」這就是「正念心境」──穿越「形式」的迷霧而走進「內涵」。如果我們還認為自己是一具身體，和其他身體休戚相關，所有外在的問題便成為最好的下手處。更進一步說，只要我們能走入心靈的「內涵」，外在的「形式」就再也不重要了。心裡的內疚和時間一點關係也沒有，我們抓住過去不放，或擔心未來是否幸福，反倒把身體與世界弄假成真了。

　　我們抹殺不了往日為人父母或子女時的作為，但我們大可反轉此刻的心態，決心將它放下，這才是我們的

力量之所在。內疚和追悔不會給我們力量，真正的力量在於那顆選擇了罪咎的心靈。不幸的是，它竟然片刻也不敢忘卻苦澀的回憶，在世上愈陷愈深，難以回歸內心，這正是小我千古不變的伎倆。小我熱中於歌頌親子關係，正因它問題重重，瀰漫著罪咎、焦慮、張力與特殊性，使我們的眼光膠著於形相世界，而無暇正視那顆選擇了小我的心靈。容我再強調一次，我們沒辦法將過去的經歷一筆勾銷，也不能確保未來的幸福，但我們可以針對自己選擇的記憶下手：重新選擇，釋放過去。如此，才有療癒的希望與真實的幸福。

母親拿抗癌藥養花

　　問：最近我發現，九十五歲的母親將她的抗癌藥拿去養花，每天早上還跟我炫耀，說花草多麼生氣蓬勃。這個插曲多少緩和了我們的關係，紓解了我該為母親的健康負責的壓力。不過，我該如此放任她嗎？

　　肯恩：你母親肯定希望你放手的。你的責任最多只能在她慢慢邁向人生終點之前，讓她活得舒服些、自在

些，而不是盯著她吃藥，要她乖乖聽醫生的話。愛她，才是你唯一該做的事。讓她知道，就算她做了傻事，像是拿抗癌藥養花，她還是對的。她心裡可能真的認為這好歹對花兒有用，總比把藥沖進馬桶好。這是她設法與花草連結的一種善意，雖然有些怪異。請記得，批判和攻擊絕非你的責任，你也無需為她的行為與決定負責。不過，這兒談的「無需負責」，是針對「內涵」層次說的，而非「形式」層次。我一再強調，如果你有幼兒，你仍需照顧他的起居，讓他接受教育，擔起一般父母應盡的責任。

問：這麼說來，我有責任讓年邁的父母定期服藥，不是嗎？

肯恩：你當然有責任協助母親服用藥物，但協助是有底線的，總不能撬開她的嘴巴強迫她吞藥，也不能把她綁在椅子上，成天盯著她有沒有遵照醫生的囑咐。

問：她顯然不想吃藥，這樣沒關係嗎？

肯恩：不要緊的。你得尊重母親有選擇死亡的自由。她罹患了癌症，不想聽醫生的話，任由癌細胞擴散，她顯然作了死亡的選擇。你應尊重她的決定，在她

能接受的範圍內，讓她此生最後幾個月少受一些苦。我並不是要你鼓勵她早赴黃泉，也不是要你做不仁不孝的事，我的意思是，請尊重她選擇的權利，讓她決定怎樣度過餘生，怎樣為這一生劃下句點。再強調一次，最後這一段路，你應該讓她在生理或心理盡可能少受點罪。

情況非常明顯，她已經準備要撒手人間，只是希望女兒陪她度過最後這段日子，這不是最好的選擇嗎？就算她在佛羅里達過得挺好，但畢竟孤單一人，沒有親人在身邊。她搬來與你同住，與你共享餘生，這是你們的現況。你一旦明白她的心意（在我看來，再明顯不過），自會任由她的。握住她的手，讓她的生命悄悄流逝，這是你目前最貼切的寫照。她的生命存續與否，不是你的責任；接納她的現況，繼續愛她，才是你的首要之務。倘若你要求她非吃藥不可，你無非在說她又做錯了，你才是對的，她一定得照**你**的意思去做才行。

這種心態適用於任何關係及任何事件，只要我們不理會小我那一套，就不難聽到對方的心聲。我們會尊重他們的選擇，滿全他們的心願，那是他們的人生劇本，我們無權強行加上自己的期盼。當然，對方的心裡也可能充滿矛盾，既想死又貪生，你必須聽出他們真正的心

意，然後給予他們眞正需要的。你內心愈是沒有衝突，對未來不作預設，便愈能聽出他們的心聲，你的愛自會告訴你該怎麼做。

以上都是針對心靈層次而說的，不是針對身體層次的你該做什麼或她該做什麼。明白了這一點，你便不至於誤解我的意思。因爲肉體的生與死不是問題的癥結，你要選擇以罪咎還是寬恕相待，才是一切的關鍵。因此，你要幫她完成她自己的救贖之路，即使她未必明白眞正的救贖必須透過寬恕來化解罪咎，但那也無妨。再說一次，只要你神智清明，你**一定**聽得出對方的心聲，也必然會以愛來回應的。

回到你的問題，你的母親顯然選擇了死亡，期盼與女兒共度最後一段時光。身爲女兒，你如果能安心接納母親的意願，才是寬恕與愛的最高表現；反之，堅持母親必須聽從家人意見、必須遵照醫師囑咐、符合社會觀感，才是莫大的不敬。你若明白我反覆重申的重點，就知道問題不在於這具肉身的生與死，也不是癌症病情的好壞起伏。寬恕，是心靈眞正的療癒之念，它滿全雙方共有的心願，而非僅僅個人私心的滿足。以你的例子而言，你們母女共有的心願就是，母親想在女兒身邊滿足

地度過餘生。

　　總之，我們不妨把這一事件的解決方案，套用在所有關係和所有事件。肉身生命毫無神聖之處，也與這瘋狂的世界無關；心靈的生命才是關鍵，而肉體的生死不過是心靈的一念而已。唯有尊重對方抉擇的權利，我們才可能協助對方作出正確的選擇。無論他選擇哪一種形式，我們都應虛心聆聽對方真正的心聲，慈愛地提供所有可能的協助。

　　問：依此類推，我想問的是，如果父母已經退化成小孩，我該怎麼辦呢？母親有躁鬱症，正在吃藥，有時候她根本搞不清狀況。在這種情況下，我不知道該如何以愛回應。

　　肯恩：沒有人知道怎樣才是最好的回應，但這並不會妨礙心靈的交流，聆聽母親的心聲才是你的要務。母女連心，你不難聽到她希望得到的愛的。請記住，「交流」是心靈的相通，療癒不是靠大腦或語言來溝通。如果你能擱置小我的私心，別讓過去的記憶干擾，你自會明瞭母親的真正渴望。倘若她很害怕，你可以想法子減少她的恐懼，做什麼都行，只要能讓她感到安全，覺

得有人呵護她，關愛她，就夠了。再重申一次，只要你的小我不再暗中作祟，你自會知道如何表達你的關愛，而不受「形式」的拘泥。要知道，愛的回應與對方的大腦、心智、疾病和問題毫無關係。你一定聽得見心靈釋放的訊息的——只要你有幫助她的願心，不被自己的需求干擾，也不讓怨尤從中作梗，你一定知道母親想要什麼。每個人無時無刻不在傳遞自己的心願，問題只在於我們是否真正聽見。如果你心裡沒有障礙，你**肯定**能聽得見，而且能按照對方心靈所渴望的愛，作出恰如其份的回應。

4 綜合討論

在所有人際關係練習寬恕

問：你說得真好，那些原則一樣可套用於其他人際關係！可以請你再深入一些嗎？

肯恩：不論任何關係，只要你還冀望別人來滿足你的需求，寬恕就派得上用場。舉例來說，倘若你需要朋友的認同，希望對方喜歡你、重視你、體貼你的立場和感受，那麼，你等於賦予對方操控你的能力。你將他拱成權威，奉若父母，甚至敬如神明，凡此種種，骨子裡全是「特殊性」。本書雖然以親子關係為主軸，但各種人際關係的問題在內涵上並無二致。一旦你覺得誰滿足不了你的需求，你等於是將自己的力量拱手讓人，認定自己的心靈沒有選擇平安的能力，非要這個人有何表現，至少別做傷你的事，你才安得下心來。

　　就在那「**不神聖**」的一刻，你交出了自己的力量與主權，就算對方只是平輩甚或兒孫輩，也被你拱上了父母的地位。比方說，孫子沒打招呼、沒問安，你就傷心難受，如此，你已經把這孩子奉爲神明了。每當你需要某人或某物來滿足你的需求，無論得到與否，你就已自動放棄眞愛，代之以特殊的愛了。如同〈正文〉說的：

> 你對自己的信心可說微乎其微，因爲你仍不願
> 接受圓滿的愛就在你內這一事實。於是，你
> 向外尋求根本不可能在外面尋得之物。（T-15.
> VI.2:1~2）

　　除了內心的眞愛，我們還需要什麼？請記得，聖靈無非是提醒我們「我們早已擁有上主之愛，所以根本沒離開過上主」這個事實的聖念。聖靈與耶穌其實是正念的化身，象徵著基督的富裕，也就是被我們所否定的天賦與自性，因之，我們才會認爲自己一無所有。小我念茲在茲「我需要這個或那個，上主卻不應允」，就是這一念，投射出一具身體，這部龐大的「需求機器」應運而生，它需要氧氣、食物、水、休息等種種生理需求，當然還有愛、呵護、溫暖、體諒等種種心理需求。換言之，身體不可能不予取予求，因它本來就是應需求之念

而生的，別忘了，**觀念離不開它的源頭**。

　　耶穌曾這樣描述我們的心態，我們老想向上主要求特殊恩惠，一旦遭到拒絕，就控訴祂是不仁之父（T-13. III.10:2~4）。說得白一點，倘若上主沒有以我們想要的方式愛我們，沒有認可我們分裂的存在，我們便將祂打入地獄，另造一個新的神明來取代祂。只是，我們既然認定祂不仁不義，內心一定充滿了罪咎，害怕祂用義怒之火整治我們這群孽子。就是這一迷思，這個無明一念，打造出整個大千世界，投射出一具具身體，每具身體都想蒙受青睞、享有特權，企望種種數之不盡的需求。滿其心願的，他就愛，否則他就恨。

　　這就是人生，我們遲早必須長大，放下這些需求。《課程》教我們正視這個思想體系，對它說：「我不再需要我的特殊性了，因我已擁有所需的一切；我不再以小我為師，因它無法帶給我幸福。」特殊性所給你的自我與生命，絕不可能讓你活得心安，只因它那無止無盡的需求——有誰能在這樣的思想體系下活得心安理得？隨著年歲增長，身體機能每況愈下，我們的需求只會變本加厲。身體這具「需求機器」從一出廠就開始折舊，早晚終將報銷，使我們不得不將全副精力投注其間，它

是我們心目中滿足需求的希望所在。其實，這全是障眼法，只會讓人愈來愈忽略心靈，忘了心靈才是一切問題的根源，只因我們存心忘記自己原本一無所缺的真相。

為此，耶穌在〈正文〉說，我們唯一需要的就是寬恕；我們雖已擁有一切（T-3.V.6:3），但唯有透過寬恕才能點醒我們這一真相。我們之所以能寬恕對方沒有做出的事，是因為對方從來沒有從我們這兒奪走「那一切」——也就是上主的愛和平安。為此，我們才能寬恕那從未發生之事，我們才能寬恕父母，他們既**不曾**毀掉我們一生，也沒有拯救我們的能耐。親子關係這齣戲，不必演到至死方休，只要輕輕跟小我說「不」，我們隨時可以選擇落幕。至此，我們才算真正懂得莎士比亞，把世界看成舞臺，每一個人不過是各自領了角色的演員罷了。如同此刻我們扮演一個長大了的孩子，開始照顧父母；我們與兄弟姊妹、孩子、配偶、情人、同事、朋友，甚至仇敵建立種種特殊關係，亦莫不如此。我們只是人生舞台眾多角色之一，帷幕落下之際，人人全都一樣。其實，始終只有**一個**劇本，也只有**一位**演員。寬恕讓我們領悟這一點，藉由親子關係，接納「我已不再是父母的小孩」這一事實。

親子關係反映了天父與聖子的原始分裂

　　問：聽起來，親子關係可以回溯至最初「那一念」：我們相信天父與聖子真的分裂了。關於這一點，能否請你再說清楚一些，爲了維繫那一念，我們是怎麼演出被父母排斥的孩子角色？或扮成拒子女於千里之外的父母角色？

　　肯恩：我們在子女身上看到的，其實是我們自己的問題。以你剛剛舉的例子來說，倘若我們看到一個被排斥而憤怒的孩子，我們所見的正是我們不想在自己身上看到而投射出去的那一部分。說到這裡，有不少學員誤解了《課程》所談的「知見」，顛倒了某些理念與應用，以至於面對現實問題完全使不上力。「知見」，指的並不是我們肉眼所見，而是我們對所知所見的**解讀**。因此，問題關鍵不在於孩子被排斥，而是我們**認定**他們被排斥了；這種心念構成你眼前的所知所見。一切表相都是心念的外顯，爲此，人際關係的任何一方其實就能演出雙方的心性。夜裡，我們作夢，夢中各種象徵都在反映我們這個夢者，畢竟這是我們的夢，代表我們思想體系中四分五裂的片段。醒時，人生大夢裡的種種人際

關係亦復如是。

　　為此，我們一旦療癒了某些人際關係，便會在每個人身上看到共同的人生目的，因為我們其實是在整合自己四分五裂的心靈。說到究竟，不是我與你的關係被治好了，因為不論是你這具身體還是我這具身體，全是我心靈的投射；真正獲得療癒的，是我與自己的關係。我若以小我為師，等於選擇了一套殘缺不全、只知攻擊與痛苦的思想體系；若以耶穌為師，表示我選擇了圓滿與一體的思想體系。因此，療癒自己和其他人的關係（親人通常首當其衝），其實是在收回一個個被撕裂而投射出去的自我片段，認出他們與我們原是同一個生命。如此，才能促進我們心靈的統合，也才是最究竟的療癒。

　　現在，大家應該充分明白人際關係的重要性，它們是我們探觸真正問題的唯一途徑。《奇蹟課程》談到特殊關係與神聖關係時，雖然架構在人際關係之上，但前者指的其實是自己與小我的關係，而後者談的是我們與耶穌或聖靈的關係，我們只是將特殊關係或神聖關係投射到眼前的人罷了。因此，真正需要療癒的，並不是我們與對方的關係，那不過是我們學習的教室，讓我們逐漸明白，當初那個選擇了小我的「一念之差」才是有

待療癒的核心之所在。至此，我們看清了問題的癥結，只要坦誠面對，就會知道，即使是憤怒或怨尤等種種投射，不過提醒我們選錯了老師。我們不需要跟任何人建立特殊關係，因為**外面根本沒有別人**！這才是關鍵。想想，一個戲偶需要寬恕另一個戲偶嗎？我們之所以把人際關係當真，是因為我們把身體當成了自己，然而它們只是我們和小我建立的特殊關係所投射出的幽暗殘影，而小我不可能不搞分裂、攻擊與衝突的。「遺忘的帷幕」一落，我們甚至連「自己還有心靈」這一回事都忘了，才需要與另一具失心的肉身建立關係，藉之提醒我們還有一顆心——它既是問題的根源，也是解決之道的所在之處。

　　總而言之，親子關係之所以如此糾結，如此折騰人，是因它最近似我們與上主的關係。我們既已切斷天人關係，不能不在自己的生活中去找其他的權威重演這一衝突經驗，而父母恰好是典型代表。我們原是孩子，長大成人後，又成為某人的父母或其他類似的角色，反覆演出與上主的特殊關係，直到我們找出唯一的禍源，也就是我們與小我的特殊關係為止。一旦領悟其中的玄機，所有的關係便全獲療癒，因那唯一的問題，終於被帶到唯一的**答覆**跟前了。

5 結　語

　　最後，我想用海倫的詩〈天父的家〉作爲本書的結語。這首詩最適合「親子關係研習」的尾聲，因爲我在前言提過，親子關係是我們癒合天人分裂的唯一途徑。過去，我們只認人間的父母，寧死不承認上主之子的身分，以爲那樣可以重申自己的權威：我們才是自己與世界的主人，我們才知道是非對錯。然而，唯有透過寬恕，我們才能眞正拾回上主之子與生俱來的權利，和一群依舊逃避平安、深懷痛楚的同伴，攜手同歸天鄉。但願海倫這首動人的小詩，能喚起我們那「溫柔的一笑」，拭去所有淚水，癒合上主之子的裂痕，重登「上主愛子」的寶座。

天父的家

聖潔是我的名字，

因我是上主之子，

悠遊於千古寂靜。

我一揮纖手，塵囂頓止，天下清平。

有情眾生終得安息，

悄然融入神聖之境。

他們安歇於我的安息，

因我們是一個生命。

世間諸苦，無一不在寂靜中療癒，

因它源自上主；

人間哀戚，無一不轉為歡笑盈盈，

因我已來臨。

我來去不孤，
天國視我如己出：
遍灑我一身光明，
因我是上主之子，
承繼了祂的聖名。

這是天父的家，
是我的涅槃寂靜。

　　　　　——《天恩詩集》P.59

附　錄

寬恕施虐者
——我們唯一的希望〔原註〕

　　幾年前，紐約州立大學賓漢頓校區傳播系教授露易絲‧艾因鴻博士向我邀稿，後來編入她的新書《虐童：你願意寬恕嗎？》。她這本書的形式仿效西蒙‧維森塔爾的《向日葵》，該書以集中營生還者和追獵納粹者無法寬恕一名年輕德國士兵的眞實故事爲題材，重頭戲則放在全球名人的現身說法，設想他們會怎麼回應類似的情境。艾博士的書改用自己的受虐經歷爲楔子，她的遭遇遠比我聽聞過的任何案例都更殘酷、更慘烈。這本書已經出版，共收入五十三則回應，包括我這篇附錄。

　　我另爲《燈塔通訊》的讀者寫了一篇「後記」，爲這一重要課題補充一些觀點。

〔原註〕本文刊登於 2006 年3月的《燈塔通訊》。

寬恕施虐者

　　活在世間，我們很難無視於蘇格蘭詩人羅伯特·彭斯〔譯註〕筆下所描繪的「人對同類的殘忍」，遠從古羅馬的暴政統治，近至德國納粹、赤色高棉、盧安達、波士尼亞的大屠殺〔原註〕，種種的慘狀，證據歷歷在目。人類為政治、宗教理念而整肅異己，凌虐兒童更是時有所聞，根本無需任何理由，而艾博士的受虐經驗簡直就是「心理死亡集中營」。人類為什麼對彼此這麼殘忍，對任何一個人類觀察者而言，都是不可思議之事。同類相殘似乎是專屬於人類的現象；動物也會殺生，但那是基於生理需求，並非為了滿足虐待的心理需求而蓄意傷害。一切生命都必須仰賴食物、水、空氣、陽光等等外界資源才能存活，這是生理的必然現象；至於心理的必然現象則源於：人類會忍不住將潛意識中自我憎恨的陰暗面投射到他人身上。我們以為用言語、行為、念頭攻擊他人，甚或三管齊下，就能神奇地擺脫內疚與自

〔譯註〕羅伯特·彭斯（Robert Burns,1759~1796） 蘇格蘭詩人，主要用蘇格蘭語寫作，所作詩歌受民歌影響，通俗流暢，在民間廣為流傳，被認為是蘇格蘭的民族詩人。
〔原註〕本文寫在伊拉克戰爭之前。

憎的痛苦，殊不知，這一信念正是孽生殘酷的溫床。

　　我們每個人心中都深埋著仇恨的陰暗力量，簡單說，就是我們生存的需求；無論生理或心理需求，都載滿了內疚，不斷演出「別人必須付出代價，我才能贏」這一人生戲碼。你我的種種歡娛和饜足，無一不是踩在他人的犧牲上，而這血腥的人性就如此交織出一整部的人類歷史。非但社會是這樣，我們的私生活也不例外。當然，大張旗鼓為惡的人確實罕見，但這不代表我們心中沒有同樣的傾向。我們會在外頭看見內心無法接納的事物，這就是投射；佛洛依德對投射機制的研究，讓我們充分了解仇恨是怎麼由潛意識投射出去的。《奇蹟課程》即由佛洛依德對心理運作的洞見出發，再從靈性角度透視我們在世間所有的身心經驗，最重要的，它重申了真正的我們是屬靈的生命，完全不受這個物質世界所限；而造物主當然更是超越了善惡有別、受害迫害、有生有死的二元對立幻相。

　　《奇蹟課程》的名言「投射形成知見」，又說世界是「你內心狀態的外在表相」──我們對外境的所知所見，恰恰反映出我們心靈想要否認的念頭（T-21.in.1:1,5）。這絕不是說，當我指責某人的強暴罪行，

表示我也犯了同一形式的強暴罪，它只是指出，那種侵犯的意圖其實也存在我心裡。比如說，我們會忍不住想以意志力或是體力操控他人，一逞自己的私欲，這時，我們就和強暴犯一樣，毫不在意對方這人，眼中只有自己。容我再強調一次，即使我們未必做出強暴這類惡行，但每個人心中確實都有這種暴力傾向。正因如此，我們才會急著找出真正的強暴犯，當作我們投射內疚的代罪羔羊，他們赤裸裸的「罪」，正好讓我們的投射對號入座。於是，我們再也看不到彼此同為血肉之人，也同為靈性之子。精神病學「人際學派」的祖師蘇利文醫師〔譯註〕說過：「我們都只是一群凡夫俗子……。」所謂凡夫俗子，他不只具備最高尚的愛與合一的潛力，他同時也具備了最低劣的本能。蘇利文緊接著說：「可能活得幸福、成功……，也可能活得慘兮兮、喪心病狂，什麼都可能。」真正棘手的是，我們可善可惡的共通人性，並不是一眼就能看穿的。

〔譯註〕蘇利文（Harry Stack Sullivan, 1892~1949） 是第一個把人際關係的理論引入精神分析的人。蘇利文認為：患者在往昔遭遇的事比不上現今發生在他身上的事來得重要，必須從患者和他人的關係背後找出這種關係的真正意義，病人才有獲得完全治療的希望。

安娜‧佛洛依德十來歲時，和她大名鼎鼎的父親在維也納並肩散步，途中經過幾棟漂亮的宅第，佛洛依德對女兒說：「看到那些可愛的房子了嗎？外頭看來可愛無比，裡面可不見得賞心悅目。我們更是如此，人不可貌相。」我們不妨為佛洛依德這句話加幾個字，「所有的人都不可貌相」，這位心理分析之父必會高舉雙手贊成的。畢竟，他最清楚人類內心隱藏的陰暗力量是怎麼一回事。

我們原是上主創造的靈性，若想活出本來的圓滿之境，就必須心甘情願地寬恕，承認我們在外頭目睹的仇恨景象其實是內心仇恨的投射，而後看出每一個仇恨背後其實都是愛的呼籲，那才是將我們合為一體、回歸大我（或自性）的力量。少了後面這一步，我們永遠擺脫不了佛洛依德所說的「強迫性重複症」，一而再、再而三地重蹈內疚／仇恨、自憎／施虐、恐懼／攻擊的輪迴，永無出離之日，而這些酷行也成為人類集體的歷史和個人生命經歷的特質。許多醫師每天目睹這樣的循環模式——受虐兒長大後成了另一個施虐者。這種受害轉為加害的惡性循環，在一個又一個案例裡活生生的上演，同一首哀歌在各式各樣的人群裡縈繞迴盪。

　　我如果不清楚「否認」會有多大後患，就不算是心理學家了。因此，我所提出的寬恕精神，並不是主張人們應該壓抑自己的念頭、記憶、創傷、恥辱與憤怒。絕大多數的案例，當事人確實需要某種形式的治療，學會面對並接納長期否認的傷痛。這一步，是寬恕所不可或缺的。唯有如此，當事人才能真正走出過去的創傷，重新統整自我，這是活出幸福的關鍵。總之，我們雖不否認過去的經歷，但我們每個人都有成長的潛力，都能走出受害的自我形象，活出所有的潛能，活出一個完整的生命。藉此，我們才能讓施虐者看到，不論他對我們做了什麼，都傷不了我們，因我們有能力將傷痛經驗轉化為個人成長的資糧。請注意，這裡談的是我們對攻擊者的心態，絕不是說我們只能眼睜睜地任人凌虐，無動於衷。我們當然可以堅定穩健地防範外界的攻擊，只是，切忌懷著仇恨和報復的心態。

　　《奇蹟課程》強調，人的一切所知所見僅僅代表他自己的詮釋。換句話說，我們接收的不過是感官傳回來的資訊，那些仇恨、施虐和苦難並沒有剝奪我們成長、成熟、重拾內在平安的能力。我說的，不限於心理層面，靈性層面亦然。倘若陰暗的表相真的剝奪了我們的

平安，責任並不在事件本身，而是我們賦予這一事件力量，讓黑暗儼然勝過上主的愛，因之，生命根源再也無法引領我們成長，推動我們改變。這一領悟，就是真寬恕的基礎。

至此，我們明白，再怎麼可憎可恨、罪大惡極的人事物，也奪不走我們心裡的平安與圓滿。事實上，唯一的安心力量始終沉寂於心底；究竟要和平還是戰爭，要寬恕還是攻擊，要愛還是要恨，全看它的選擇。要活出這一原則雖然並不容易，卻不是不可能。

在納粹大屠殺期間，荷蘭的彭柯麗一家〔譯註一〕與奧地利的法蘭可博士〔譯註二〕為我們示範了：即使在那樣慘烈的逆境之下，仍能不向現實低頭，活出自己嚮往的靈性目標。只因他們真正明白，人的生命原是靈性，

〔譯註一〕彭柯麗（Corrie ten Boom, 1892~1983）和姊姊、父親住在荷蘭的哈林，照管世代相襲的鐘錶店。二次大戰爆發，德軍佔領荷蘭，柯麗家協助並藏匿猶太人，被揭發後全家遭逮捕，彭柯麗和姊姊被送到集中營。
〔譯註二〕法蘭可（Victor Frankl, 1905~1997）維也納大學的神經暨精神病學教授，經歷了納粹集中營生活，不但沒有怨恨，反而對人類的心靈力量有了深刻的體悟，因而創立「意義治療理論」，又稱為「第三維也納學派」（第一和第二學派分別是佛洛依德的精神分析，和阿德勒的個體心理學）。

與上主的生命與愛一體不分。不論現實多麼慘絕人寰，
我們依然有機會克服憎恨的誘惑，呼求內在的聖愛，學
習如何寬恕他人和寬恕自己。

　中古世紀盛傳一個故事，頗能點出真寬恕的慧見，
也是你我有朝一日能夠企及的理想：耶穌和他的門徒聚
集在一起，重演「最後的晚餐」那一幕。在一行人圍著
餐桌等待中，位子還空著一個。這時，猶大進來了，耶
穌走上前熱情地說：「歡迎，我的弟兄。我們一直在等
你。」三世紀的天主教哲學家俄利根〔譯註〕也懷有類
似的胸襟，他主張就連魔鬼最後也會得救，因此飽受教
會當權者非議。其實，他不過是說，上主的靈性造化，
任何一個看似支離破碎的生命，也終將返回天家，因為
上主的愛不可能遺漏任何一人。為此，人間的寬恕必定
反映了靈性生命共有的完整與一體。

　總之，面對艾博士令人觸目驚心的受虐遭遇，我們
可以繼續將舊有的詮釋向外投射，賦予那一事件更多力

〔譯註〕俄利根（Origenes Adamantius, 185~251）　基督教著名的神學家和
　　　哲學家。在公元543年及553年的君士坦丁堡會議中，俄利根主
　　　義兩度被定為異端。在神學上，他提出「永恆受生」的概念來
　　　解說聖父與聖子的關係，對後世的基督教神學發展頗具影響。

量，讓我們對人性徹底失望。然而，我們還有另一種全新的解讀方式：看出我們每個人都在求助，尤其是那些殘忍的施虐者、加害者，只因我們都是同一個靈性生命。倘若上主真的是愛，祂的愛無疑是圓滿而完整的，怎麼會有人被排除在外？因此，再怎麼可憎的行為，仁慈的眼光仍會穿越那些惡行，認出背後對愛的絕望呼求。其實我們每個人內心深處都藏有同一呼喚，唯有讓那呼喚有機會發聲，這個世界才有意義可言。反之，對此呼求充耳不聞，不啻浪擲此生；果真如此，我們會恨得理直氣壯，不斷在世間搜尋應當受罰的惡人，壓根忘了自己也同樣需要赦免和寬恕。這些年來，全球危機四伏，我們親眼目睹世人對求助的呼喚置之不理的可怕後果。無論是個人，還是全人類，我們唯一的希望是：往心內去看仇恨如何讓我們一起神智失常，而我們抵制愛的所有防衛措施又如何讓全世界陷入瘋狂。天國就在此一希望之中，因上主是涵容一切的愛，是純然無瑕的一體，無所不包，無一例外。

後　記

　　在2004年3月的《燈塔通訊》，我仿照音樂學家羅比士‧藍敦〔譯註〕論及莫札特的片段論述，改寫成這幾句話：

> 《奇蹟課程》可說是人類值得存在於宇宙最好
> 的理由了，只要它存在一天，就爲人類的存活
> 提供了一個微小、寧靜卻永不絕滅的希望。

　　無論世間紅塵或個人生活多麼紛擾，莫札特的音樂與《奇蹟課程》的智慧有如一線希望之光，靜靜閃耀在人心的暗影裡（T-15.XI.2:1~2）。即使有些讀者愛上《課程》純粹出於誤解，但無論是眞懂還是一知半解，甚至根本沒讀懂，這本書在字裡行間散發出某種訊息，激發了你我心中的共鳴。這訊息之所以爲人帶來希望，是因

〔譯註〕羅比士‧藍敦（Robbins Landon,1926~2009）　音樂學家，生於美國，移居歐洲從事音樂評論寫作，專研海頓、莫札特、貝多芬、韋瓦第等音樂家，著作頗豐。

為它的來源與目標都指向超乎此世的真理之境。耶穌傳揚的寬恕完全切合現實人生的需求，我們幾乎每天都會聽到或看到艾博士這類慘絕人寰的故事，更別提種族、宗教及政治上的打壓迫害了。

不管是針對群體或個人的暴行，這類故事之所以驚心動魄，不只因為行為上的殘暴駭人，更在於它提醒了我們，每一個人的心裡其實都窩藏了這類暴虐的心念，只是我們大多渾然不覺而已。任何一個活在正念中的人，都不可能容忍暴虐的行為，然而，它一旦發生了，我們唯一的因應之道，便是將它轉化為「為神聖目的效命」。如同《課程》提到「特殊性」所說的，只要是特殊關係，它的本質都離不開凌虐，不論外表裝得多麼可愛：

> 這是聖靈的慈悲知見下的特殊性，祂會用你所造的一切來發揮療癒的功能，不再傷人。（T-25.VI.4:1）

準此而言，即使是慘痛至極的人生功課，對我們仍然深具意義（T-6.in.2:1），因為它揭發了我們最難察覺的小我思想體系，讓我們再也無法視若無睹。小我始終

隱匿在「雙重遺忘」的防護網下，令我們無從下手（W-
136.5:2）。第一重即是：心靈忘了是它選擇罪咎的；第
二重則是：心靈忘了是它將罪咎投射到充滿一具又一具
身體的物質世界的。就因著這兩重的防護網，我們對真
實自性的記憶早已深埋在心靈的恐懼地窖裡，想要跨越
這兩道看似滴水不漏的防護網而憶起真相，絕非易事。
《課程》說：

> 罪咎，說穿了，只是把身體變得沉重、晦暗而
> 讓你看不透的一種幻相，它是小我思想體系的
> 真正基礎。（T-18.IX.5:2）

　　幸好，那無法穿透的外表純屬錯覺（T-18.IX.6:2），
即使是硬如花崗岩的銅牆鐵壁，我們仍然可以穿牆而
出，但前提是，我們必須徹底改變知見，才能突破外在
形式的限制，進入內涵的層次。這種轉化，唯有藉著聖
靈所傳授正念中的寬恕，才有可能真正體現，《課程》
將此心境稱之為「理性」：

> 罪〔疚〕好似門禁森嚴的一道門檻，堵在平安
> 道路上，不僅大門深鎖，且無鑰匙可開。……
> 在肉眼裡，罪這道門檻硬如花崗，堅實無比，

只有瘋子才會企圖闖關。唯有理性能一眼看穿它的底細，認出那不過是一個錯誤。……理性會告訴你，錯誤的表相並非錯誤的癥結所在。……肉眼只能看到外在形相，它是為了什麼目的而造的，它就無法超越這一限度。……穿越不了罪的銅牆鐵壁，只好駐足於虛無表相前喟然生歎。……縱然那銅牆鐵壁只是虛有其表，但你的視線一旦被它擋住，怎麼可能看得真切？它必會被表相蒙蔽，因為那些表相正是為了確保你看不到真相而造的。（T-22.III.3:2,4~5；5:1,3~4,6,8~9）

　　《奇蹟課程》全書諄諄教誨的，不只是指出身體與世界的虛幻不實，它更提醒我們，身體與世界如何為小我分裂的思想體系效命——千方百計轉移我們的注意力，讓我們忘卻此刻的罪咎乃是出自於當初心靈的選擇，因之，我們自然想不到該由「改變心靈」著手了。無論表相的事件看來是極苦或極樂，是罪孽深重或超凡入聖，外在的錯誤愈是觸目驚心，它混淆視聽的力道就愈強大。然而，那些外在事件在耶穌溫柔的眼光下，遮蔽不了「內涵」層次的真相，也就是心靈所犯的唯一錯

誤：它放棄了聖靈療癒的救贖思想體系「若不和他一起在此信心中抬起眼睛，你就根本沒有抬眼的可能」（T-19.IV.四.12:8），而選擇了小我無情的分裂思想體系「若不痛下殺手就得坐以待斃」（M-17.7:11）。

　　然而，只要我們還受身體經驗的侷限，便難以溯及那千古的錯誤。〈教師指南〉是這麼說的：

> 因此，時間其實是逆向行駛的，它一直指向遠古而超乎記憶極限的那一刻，你根本無從憶起。（M-2.4:1）

　　幸好，我們還能間接地憶起它，看出自己是怎麼不斷重複最初的無明一念：選擇小我，放棄上主；選擇恐懼，遺棄愛：

> 每一天，每一分鐘，每一瞬間，你不斷重溫那恐怖的時間幻相取代愛的那一剎那。（T-26.V.13:1）

　　可以說，我們全都有「學習障礙」，一直選錯老師，若非外境緊緊逼迫，已無半點退路可言，否則幾乎撼動不了早已根深柢固的小我思想體系，種種的作為，不是迫害就是指摘。凌虐絕非出自聖靈的旨意，只不過

聖靈有能力將它扭轉爲不同的用途。換句話說，無論心靈的抉擇者一度選擇了什麼劇本，這位溫柔的聖師仍能借力使力，帶領我們走出痛苦，得享上主的平安：

> 聖靈會溫柔地牽起你的手，沿著你先前瘋狂無比的旅程原路折返，再溫柔地將你帶回那一直在你内的平安眞相。祂會幫你把瘋狂中投射於外的種種怪誕替代品一一帶入原有的眞相。祂就這樣扭轉了你那瘋狂而失常的人生旅程，恢復了你的清明理性。（T-18.I.8:3~5）

　　小我將我們領上分裂之路，一步一步陷入瘋狂失常的人生旅程（T-28.III.1:2），沿著凌虐迫害的妄心思想體系，最終淪落在這個充滿迫害的物質世界；聖靈帶領的旅程正好反其道而行，沿著原來的階梯一步步攀升，穿過世界、妄心，越過正心，終而抵達階梯之上的一體天心。此刻，我們既然認定這充滿苦難的無情世界就是我們的家，祂就在這裡即席教學，讓我們明白眼前的世界之所以存在，爲的是隱匿自己的一個秘密心願（T-24.VII.8:8~10）：想要活成一個狀似無辜的個體生命，而且宣稱一切都是情非得已。也就是說，我們活在這兒，但另外一個人得爲我們悲慘的命運負責，而我們所受的

苦就是他活生生的罪證。我們需要確保無辜的面容、純
潔的自我形象(T-31.V.1~2),因此,再怎麼苦,我們仍
萬般珍惜所有的受害經歷。小我企圖假他人之手折騰自
己,每當我們緊抓著苦澀的記憶不放,細數每一次受害
留下的傷痕時,不難看穿小我的陰謀。《奇蹟課程》有
一段描述這種邪惡瘋狂的心態:

> 你所受的每一個苦,都會被你視為他〔施虐的
> 弟兄〕攻擊你的罪證。於是,你自身便成了
> 他不再無辜的標誌;只要看看你的慘狀,就
> 不難明白他是如何罪孽深重。……每當你同意
> 受苦、被剝削、遭受不公的待遇,或感到匱乏
> 之時,你其實是在指責弟兄攻擊了上主之子。
> 你在他眼前懸掛了一幅自己被釘在十字架的畫
> 像,讓他親眼目睹,你已用鮮血和死亡將他的
> 罪狀刻印在天上了;你走在他前面,隨手關
> 起天堂的門,把他打入地獄。(T-27.I.2:2~3;
> 3:1~2)

為此,我們背負著受傷與受虐的傷痛記憶,在人間
苟延殘喘,再苦也不願放手,才好顯示自己的無辜,證
明他人罪不可赦,如此,無辜的上主之子才有返回天鄉

的機會。只不過，爲了證明自己受到不公待遇，附帶的「收穫」早晚會到令人無法承受的地步：

> 人忍受痛苦的耐力雖高，終究有其限度。遲
> 早，心靈會隱隱地冒出一念：「一定還有更好
> 的途徑才對」。（T-2.III.3:5~6）

這個「更好的途徑」無他，就是寬恕。寬恕會讓我們改變生活的目的，反映出生命的一體眞相，不再爲分裂作證。耶穌告訴我們，一生所遇到的所有人，無論好人壞人，是施虐者還是受害者，跟我們一樣都是聖子奧體的一部分。事實上，我們每個人都屬於那個一體生命。每一次，我們想將施虐者摒除在聖子奧體之外，正是一個契機，讓我們學習看出「我其實是在排斥自己」。

我常常引述海倫・舒曼的第一首詩〈聖誕禮物〉，詩中頭幾句與本文的主題緊緊相扣：

> 基督不會忽略任何一人，
>
> 單憑此，
>
> 你知祂是上主之子。
>
> 祂的輕撫

你看到**無所不在**的溫柔；

祂的愛

由你流向每一個人。

在祂的凝視下，

上主的愛徐徐自萬物復甦。

——《天恩詩集》P.95

　　倘若只有受虐者才值得憐憫，受害者才值得同情，我們等於認可聖子奧體是支離破碎的，如此一來，正中小我的下懷。但如果我們接納耶穌的教誨，那麼，施虐者與加害者同樣需要我們的憐憫與同情。試想一下，若非驚惶不安、孤獨憂懼 (T-31.VIII.7:1)，誰會想要傷人？若非驚惶不安、孤獨憂懼，誰願意遠離家園，在此飄泊流浪？反過來看，在人間飄泊的浪子，哪一個不驚惶不安，哪一個不孤獨憂懼？因此，無論是加害者或受害者，基督慧見必然一視同仁，即使上主之子好似已分裂爲妄心的小我、正念的聖靈以及抉擇者，但在祂眼中，永永遠遠是同一個。

　　因此，倘若我們眞心誠意地想獲得寬恕，從這場充

滿分裂、痛苦與死亡的夢魘醒來，我們就必須眞心誠意
且心甘情願地操練這些人生功課，也就是寬恕無所不包
的本質，由衷接納所有的人，絕無例外可言。難怪《課
程》的操練讓人仰之彌高，但寬恕確實是我們這個時代
最需要的功課。耶穌要我們學習寬恕，就像他寬恕我們
一樣，我們可願回應他的召喚？這個受盡凌虐又充滿凌
虐的世界之命運全繫於此。

奇蹟資訊中心
出版系列：

《奇蹟課程》
（A Course in Miracles）——新譯本

《奇蹟課程》是二十一世紀的心靈學寶典，更是近年來各種心理工作坊或勵志學派的靈感泉源。中文版已在 1999 年由若水譯出，並由作者海倫・舒曼博士所委託的「心靈平安基金會」出版。

新譯本乃是根據「心靈平安基金會」2007年所出版的「全集」，也是原譯者若水在「教」「學」本課程十年之後再次出發的精心譯作。全書分為三冊：第一冊：〈正文〉；第二冊：〈學員練習手冊〉；第三冊：〈教師指南〉、〈詞彙解析〉以及〈補編〉的「心理治療」與「頌禱」二文。新譯本網羅了《奇蹟課程》所有的正式文獻，使奇蹟讀者從此再無滄海遺珠之憾。（**全書三冊長達 1385 頁**）

《奇蹟課程》
〈學員練習手冊〉新譯本隨身卡

《奇蹟課程》第二冊〈學員練習手冊〉共三百六十五課，一日一課地，在力求具體的操練中，轉變讀者看事情的眼光，解開鬱積的心結。

若水由十餘年的奇蹟課程教學譯審經驗出發，全面重譯這部曠世經典。新譯版一本經典原文的精確度，語意更為清晰，文句更加流暢。精煉再三的新譯文，吟誦之，琅琅上口，饒富深意，猶如親聆J兄溫柔明晰的論述，每天化解一個心結，同享奇蹟。

為方便現代人在忙碌生活中操練每日一課，經三修三校的重譯版，首度以隨身卡形式發行，以頂級銅西卡精印，紙版尺寸 8.5 × 12.6 公分，另有壓克力卡片座供選購。（**全套卡片共 250 張**）

奇蹟課程導讀與教學系列

《奇蹟課程》雖是一部自修性的課程，只因它的理論架構博大精深，讀者常易斷章取義而錯失精髓，故奇蹟資訊中心陸續推出若水的導讀系列、米勒導讀，以及一階理論基礎及二階自我療癒DVD、其他演講錄音或錄影教材，幫助讀者逐漸深入這部自成一家之言的思想體系。

若水導讀系列

（一）《創造奇蹟的課程》（**全書 272 頁**）
（二）《生命的另類對話》（**全書 272 頁**）
（三）《從佛陀到耶穌》（**全書 224 頁**）

若水在這三冊中，解說《奇蹟課程》的來龍去脈與理論架構，透過問答的形式，說明崇高的寬恕理念如何落實於生活中；最後透過《奇蹟課程》的理念，闡釋佛陀和耶穌這兩位東西方信仰系統的象徵，在實相裡並無境界之別，而只有人心的「小我分裂」與「大我一體」的天壤之隔。

米勒導讀

《奇蹟半生緣》

一位慧心獨具卻不得志的記者，三十多歲便受盡「慢性疲勞症候群」的折磨，群醫束手無策，他在走投無路之下，不禁自問：「究竟是誰把我這一生搞得這麼慘？」

《奇蹟課程》讓他看到，自己竟是一切問題的始作俑者。他對這一答覆百般抗拒，直到有位心理治療師對他說：「恭喜你！你若讀得下這本書，大概就不需要心理治療了！」

《奇蹟半生緣》全書穿插作者派屈克・米勒浮沉人生苦海的經歷，但他並不因此獨尊自身的經驗和詮釋，而以記者客觀實証的精神，遍訪散居全美各地的奇蹟講師與學員，甚至傾聽圈外人的質疑。本書可說是一部美國奇蹟團體的成長紀實。（**全書 319 頁**）

奇蹟課程有聲教學教材

奇蹟資訊中心歷年發行《奇蹟課程》譯者若水的演講錄音或錄影光碟，將《奇蹟課

程》的抽象理念與現實生活銜接起來，幫助讀者了解《奇蹟課程》的精髓所在，是奇蹟學員不可或缺的有聲輔讀教材，由於教材內容每年不盡相同，欲知詳情，請上網查詢。

www.acimtaiwan.info 奇蹟課程中文網站
www.qikc.org 奇蹟課程中文部簡体網

肯恩實修系列

《奇蹟原則50》

許多讀者久仰《奇蹟課程》之盛名，興沖沖地讀完短短的導言後，就怔怔地在一條一條有如天書的「奇蹟原則」之前。讀了後句忘前句，「奇蹟」的概念好似漂浮在字裡行間，始終無法在腦海中落腳，以至於閱讀了一兩頁之後便後繼無力，難以終篇，竟至棄書而逃。

「奇蹟原則」前後五十條，其實是整部課程的濃縮，若無明師指點，讀者通常都不得其門而入。於今多虧奇蹟泰斗肯尼斯旁徵博引，以深入淺出而又幽默的答問形式，將寬恕與奇蹟的精神落實於生活中，為初學者乃至資深學員提供了一個實修的指標。（全書209頁）

《終結對愛的抗拒》

追尋心靈成長的人，學到某個階段往往面臨一個瓶頸：儘管修習多年，一遇到某種挑戰，就不自覺地掉回原地，因而自責不已。問題到底出在哪裡？

佛洛依德在他的臨床經驗中，驚異地發現，病人的潛意識中有「拒絕療癒」的本能，肯尼斯根據《奇蹟課程》的觀點，犀利地剖析人們「拒絕療癒或轉變」的原因，又仁慈地為讀者指出穿越小我迷霧的關鍵，由停滯不前的窘境中突圍。對於追尋心靈成長和平安的人而言，本書不但有提點指授的功效，更有當頭棒喝的力道。（全書109頁）

《親子關係》

坊間論及親子問題的書籍可謂汗牛充棟，泰半繞在親子關係複雜且微妙的糾結情懷，唯獨肯尼斯・霍布尼克不受表象所惑，借用《奇蹟課程》的透視鏡，澈照出親子之間愛恨交織的真正關鍵。

本書表面上好似在答覆「如何教養子女」、「如何對待成年子女」以及「如何照顧年邁雙親」等具體問題，它其實是為每一個人指出我們在由「身為兒女」，到「照顧兒女」，繼而「照顧雙親」的艱苦過程，以及我們轉變知見時必然經歷的脫胎換骨之痛。（全書238頁）

《性・金錢・暴食症》

在紛紜萬象的世界裡，性、金錢與食物可說是人生問題的「重頭戲」，最易牽動小我的防衛機制，故也最具爭議性。作者肯恩沿用《奇蹟課程》中「形式與內涵」的層次觀念，針對性、金錢等等所引發的光怪陸離現象（形式），揭露它們背後一貫的目的（內涵）——小我企圖藉無止盡的生理需求，抹滅心靈的存在，加深孤立、匱乏、分裂等受害感，最後連吃飯、賺錢與性交都可能變成一種攻擊的武器。

肯恩與學員的趣味問答，反映出我們日常是如何受制於這些生理需求的；然而，我們也能藉聖靈之助，將現實挑戰化為人生教室，將小我怨天尤人的陰謀，轉為寬恕與結合的工具。（全書196頁）

《仁慈——療癒的力量》

這是一部針對奇蹟教師及資深奇蹟學員的實修指南。全書分上下兩篇，上篇列舉奇蹟學員常有的現象，例如以奇蹟之名攻擊他人，或以善意為由掩蓋自己批判的心態；下篇探討如何用仁慈的眼光來看待自己與他人的缺陷，教我們將自身的限制或缺陷轉為此生的「特殊任務」，在人間活出寬恕的見證，成為聖靈推恩的管道。（全書251頁）

《逃避真愛》

本書是針對道理全懂卻難以突破的資深學員而寫的，它一針見血地指出，綑綁我們修行腳步的，不是世界的黑暗，也非人間的牽絆，而是自己打造出來的一道心牆。

只因我們深怕真愛會消融了自己的特殊性，故把心靈最深的渴望隱藏到心牆之後，與之「解離」，在人間展開一場虛虛實實又自相矛盾的追尋。一邊痛恨小我的束縛，一邊又忙著為小我說項；以至於內心有一部分奮力向前，另一部分則寧可原地觀望。藉著裝傻、扭曲、辯駁，把回歸真愛的單純選擇

渲染成複雜又艱深的學問。

《逃避真愛》溫柔地解除了人心無需有的恐懼，讓我們明白心牆的「不必要」，陪伴我們無咎無懼地跨越過去。（全書156頁）

《假如二二得五》

從古至今，多少人心懷救苦救難的大志，傾注一生之力貫徹自身理想，卻往往受現實所圍而終不能及。我們這些凡夫俗子，亦不乏拼搏自救之心，然而在現實面前，還是屢屢敗陣，活得憋屈而無奈。問題究竟出在哪裡？

對此，本書剴切提出：整個世界其實一直按照2＋2＝4的「鐵律」來運作，萬物循著固定的軌跡盈虧盛衰，一切可謂「命中註定」，無怪乎歷史上的種種救世之舉皆以失敗告終。然而，《奇蹟課程》識破世界的詭計，小我既然使出2＋2＝4的苦肉計，它便祭出2＋2＝5的救贖原則，破解小我編織的羅網，溫柔地引領我們走出世界的幻境。本書即是教導我們，如何在貌似2＋2＝4的世界活出2＋2＝5的生命氣象，而且更進一步，迎向天地間唯一真實的等式1＋1＝1。（全書171頁）

《駱駝・獅子・小孩》

本書書名出自德國哲學家尼采的代表作《查拉圖斯特拉如是說》裡的「三段蛻變」——駱駝、獅子、小孩。這則寓言提綱挈領地勾勒出靈性的發展過程，尼采的幾項重要論點，包括強力意志、超人、永劫輪迴，也在肯恩博士精闢的詮釋之下，與奇蹟學員熟悉的抉擇心靈、資深上主之師、小我運作模式等觀念相映成趣。

肯恩博士為奇蹟學員引薦這位十九世紀天才的作品，企盼在大家為了化解分裂與特殊性而陷入苦戰之際，可以由這本書得到鼓舞和啟發。我們終將明白，唯有「一小步又一小步」的前進，從駱駝蛻變成獅子，再進一步蛻變為小孩，不跳過任何一個階段，才能抵達最後的目標。（全書177頁）

肯恩《奇蹟課程釋義》系列

《奇蹟課程序言行旅》

如果說《奇蹟課程》是一首曠世交響曲，《序言》便奠定了整首樂曲的氣質與基調，不僅鋪敘出奇蹟交響樂的關鍵理念，還將讀者提昇到奇蹟形上思想的高度和意境，堪稱《正文行旅》最佳的暖身之作。

肯恩有如一流的樂評家，領著讀者，在宏觀處，領受樂章磅礴的主旋律，在微觀處，諦聽暗藏其中的千百種變奏，致其廣大，盡其精微，深入課程之堂奧，回歸心靈之家園。（全書121頁）

《正文行旅》（陸續出版中）

《奇蹟課程》在人類靈性進化史上的貢獻可謂史無前例，而《正文行旅》乃是《奇蹟課程釋義》三部曲的完結篇。肯恩由文學，詩體，音樂三重角度，依循各章節的主題，提供了「重點式」以及「全面性」的導覽，幫助學員深入奇蹟三昧，沉浸於智慧與慈悲之海。

這部行旅可說是肯恩一生教學的智慧結晶，奇蹟學員浸潤日久，必會如他所願：奇蹟，發自心靈，必將流向心靈。（第一冊335頁，第二冊314頁）

《學員練習手冊行旅》（陸續出版中）

整套《奇蹟課程釋義》的問世，可說是無心插柳。1998年起，肯恩應學生之請，為〈學員練習手冊〉做了一系列的講解，基金會將研習錄音增編彙整為逐句詮釋的〈練習手冊行旅〉。此案既定，〈正文行旅〉以及〈教師指南行旅〉應運而生，為奇蹟學員提供了最完整且精闢的修行指針，訂名為《奇蹟課程釋義》，幫助學員將〈正文〉理念架構所引伸出來的教誨，運用到現實生活中。這三部《行旅》，可說是所有踏上奇蹟旅程的學員最貼心的影伴。

《學員練習手冊行旅》的宗旨，乃是幫助奇蹟學員了解三百六十五課的深意，以及它們在整部課程中的作用。更重要的是，幫助學員將每日一課運用於現實生活中，否則《奇蹟課程》那些震古鑠今之言可謂枉費唇舌，徒然淪為一套了無生命的學說。（第一冊346頁，第二冊292頁，第三冊234頁，第四冊337頁）

《教師指南行旅》
（共二冊，含《詞彙解析行旅》）

〈教師指南〉是《奇蹟課程》三部書的最後一部，它以「如何才是上主之師」為主軸，提綱挈領地梳理出〈正文〉的核心觀念，全書以提問的形式鋪敘而成，為其他兩部書作了最實用的補充。

肯恩在逐句解說〈教師指南〉時，環繞著兩個主題：「個別利益」對照「共同福祉」，以及「向聖靈求助」。因為若不懂得向聖靈求助，我們根本學不會「共享福祉」這門功課。當然，全書也穿插不少副題，如「形式與內涵」、「放下判斷」等等，就像貝多芬的偉大樂章那樣，不時編入數小節旋律，讓主題曲與變奏曲銜接得更加天衣無縫。肯恩說：「我希望藉由本書讓學員看出，耶穌是如何高明地把他的基本訊息串連為一個整體，一如交響樂以主旋律與變奏曲那般交叉呈現、迴旋反覆地將我們領上心靈的旅程。」（第一冊337頁，第二冊310頁）

其他出版品

《寬恕十二招》

《寬恕十二招》的作者保羅·費里尼，有鑑於人們的想法與情緒反應模式，早已定型僵化，成了一種「癮」，不是一朝一夕可以化解得掉的。因此，他將《奇蹟課程》的寬恕理念，分解為十二步驟，一步一步地引導我們超越自卑、自責以及過去的創痛，透過自我寬恕而領受天地的大愛。這是所有準備好負起自我治癒之責的人必讀的靈修教材，也是曠世靈修經典《奇蹟課程》的輔讀書籍。（全書 110 頁）

《無條件的愛》

作者保羅·費里尼繼《寬恕十二招》之後，另以老莊的散文筆法，細細描述我們每一個人心中都擁有的「無條件的愛」。他由大我的心境出發，以第一人稱的對話方式，直接與讀者進行心與心的交流，喚醒我們心中沉睡已久的愛，開啟那已被遺忘的智慧。此書充滿了「醒人」的能量，是陪伴你走過人生挑戰的最好伙伴。（全書 215 頁）

《告別娑婆》

宇宙從哪兒來的？目的何在？我究竟是什麼？為什麼會在這裡？我要往哪裡去？我該怎麼活在這個世界裡？當你讀完本書，會有一種「千年暗室，一燈即亮」的領悟。

全書以睿智而風趣的對話談當今世局、原子彈爆炸，一直說到真愛、疾病、電視新聞、性問題與股價指數等等，讓我們對複雜詭異的人生百態，頓時生出「原來如此」的會心一笑。它說的雖全是真理，讀起來卻像讀小說一樣精彩有趣，難怪一問世便成了西方出版界的新寵。（全書 527 頁）

《一念之轉》

作者拜倫·凱蒂曾受十餘年的憂鬱症所苦，一天早上，她突然覺悟了痛苦是如何形成又如何結束的。由此經驗中，她發明了四句問話的「轉念作業」（The Work），引導你由作繭自縛中徹底脫身，是一本足以扭轉你人生的好書。（全書 448 頁，附贈轉念作業個案 VCD）

《斷輪迴》 阿頓與白莎回來了！

繼《告別娑婆》走紅之後，葛瑞的生活形態發生重大的轉變，也面臨了更多的挑戰。葛瑞仍是口無遮攔地談八卦、論是非、臧否名流，阿頓和白莎兩位上師在笑談棒喝中，繼續指點葛瑞如何在現實挑戰下發揮真寬恕的化解（undo）功能，徹底瓦解我執，切斷輪迴之根。（全書 304 頁）

《人生畢業禮》

本書是保羅與 Raj 在 1991 年的對話記錄。對話日期雖有先後，內涵卻處處玄機，不論由哪一篇起讀，都會將你導入人類意識覺醒的洪流。

Raj 借用保羅的處境，提醒所有在人間孤軍奮鬥的人，唯有放下自己打造的防衛措施，才可能在自己的心靈內找到那位愛的導師。也唯有從這個核心出發，我們才會與所有弟兄相通，悟出我們其實是一個生命。（全書 288 頁）

《療癒之鄉》

《療癒之鄉》中文版由美國「獅子心基金會」委託台灣「奇蹟資訊中心」出版。

作者羅賓‧葛薩姜把《奇蹟課程》深奧又慈悲的教誨化為一套具體的情緒啟蒙和心靈復健課程，協助犯罪和毒癮的獄友破除心理障礙，學習處理人與人之間的衝突，調整情緒，建立自信，切斷「憤怒→攻擊→憤怒」的惡性循環。《療癒之鄉》陪伴無數受刑人度過獄中歲月。

《療癒之鄉》也是為所有困在自己心牢裡的讀者而寫的。世間幾乎沒有一人不曾經歷童年的創傷、外境的壓迫，以及為了生存而形成種種不健康的自衛模式。獄友的心路歷程給予我們極大的啟發，鼓舞我們步上心靈療癒之路。（**全書 440 頁**）

《我要活下去》

這本書不只是一本鼓舞信心的療癒指南，還是一個女人把自己從鬼門關前拉回來的真實故事。

作者朱蒂‧艾倫博士（Judy Edwards Allen, Ph.D.）原本是成功的專業顧問、大學教授、大學教科書作者，四十歲那年獲知罹患乳癌的「噩耗」，反而成為她生命的轉捩點，以清晰、熱情的文筆，記錄了她奮力將原始的求生意念成功地轉化為「康復五部曲」的歷程。讀者會看到她如何軟硬兼施地與醫生打交道，如何背水一戰克服無助感，又如何透過寬恕，喚醒內心沉睡已久的愛與生命力。最後，她終於超越自己對生死的執著，在這一場疾病與療癒的拔河大賽中，獲得了靈性的凱旋。（**全書 280 頁**）

《時間大幻劇》

人們對於時間，存在著種種截然不同的看法，比如：時間是良藥，可以癒合一切創傷；善惡終有報，只等時候到；時間是無情的殺手，終將剝奪我們的一切……人類早已視時間的存在為天經地義，戰戰兢兢地活在過去的懊悔、現在的焦慮和對未來的恐懼中。我們好似活在一座無形的牢籠裡，苟延殘喘，等待大限的到來。

《奇蹟課程》的泰斗肯恩博士曾說：「不了解時間，不可能讀懂《奇蹟課程》的。」他引經據典，將散落全書有關時間的解說，梳理出一個完整的思想座標，猶如點睛之龍，又如劃破文字叢林的一道靈光，讓我們一窺《奇蹟課程》的究竟堂奧（究竟

義）。此書可說是肯恩留給奇蹟資深學員最珍貴的禮物。（**全書413頁**）

《奇蹟課程誕生》

《奇蹟課程》的來歷究竟有何玄虛？為什麼它選擇經由海倫‧舒曼博士來到人間？它的記錄方式及成書過程，與它傳給人類的訊息有何內在關係？有幸親炙此書的我們，又該如何延續奇蹟精神的傳承？

不論你只是好奇《奇蹟課程》的精采傳奇，還是有心以「史」為鑒，窮究奇蹟的傳承精神，本書都提供了最可靠的第一手資料。作者因與茱麗、海倫與比爾等人交往密切，故受這些開山元老之託，冷靜而客觀地梳理《奇蹟課程》的記錄及成書經過，佐以三位奇蹟元老的親筆自白，融鑄成一部信實可徵的《奇蹟課程》誕生史，帶領讀者重新走過五十年前那段精采神奇的心靈歷程。（**全書195頁**）

《飛越死亡的夢境》

本書榮獲美國出版界著名的「活在當下書籍獎」（Living Now Book Awards），全書以嶄新的視角詮釋曠世靈修經典《奇蹟課程》的教誨，為讀者剴切指出「起死回生」的著力點。

作者特別選取在人間每個角落不時作祟的「死亡陰影」入手，揭露小我抵制永恆生命的伎倆。作者以親身的經歷為奇蹟作證，並且提供了極其實用的反省練習，解除我們潛意識中對死亡的恐懼，為百害不侵的生命本質開啟了一扇門，真愛與喜悅得以流過人間，讓奇蹟成為日常生活裡「最自然的事」。（**全書524頁**）

國家圖書館出版品預行編目資料

親子關係：世間最難修的一門課／肯尼斯・霍布尼
克博士（Kenneth Wapnick）著；林慧如、陳夢怡、
若水合譯 -- 初版 -- 臺中市：奇蹟資訊中心，奇蹟課
程，民 102.02
　　　面；　　　公分
　　　譯自：Parents and Children: Our Most Difficult Classroom

ISBN 978-986-88467-1-5（平裝）

1. 靈修 2. 親子關係

192.1　　　　　　　　　　　　　　　　102003123

感謝美國F.M.T.女士贊助「肯恩實修系列」之出版

親子關係：世間最難修的一門課
Parents and Children: Our Most Difficult Classroom

作　　者：肯尼斯・霍布尼克博士（Kenneth Wapnick, Ph.D.）
譯　　者：林慧如　陳夢怡　若水
責任編輯：李安生
校　　對：陳夢怡　李安生　黃真真　林妍蓁
封面設計：YenHue Lee
美術編輯：浩瀚電腦排版股份有限公司
出　　版：奇蹟課程有限公司・奇蹟資訊中心
　　　　　桃園市光興里縣府路 76-1 號
聯絡電話：(04) 2536-4991
劃撥訂購：帳號 19362531　戶名　劉巧玲
網　　址：www.acimtaiwan.info
電子信箱：acimtaiwan@gmail.com

印　　刷：世和印製企業 (02) 2223-3866
經銷代理：聯合發行公司
　　　　　電話 (02) 2917-8022 # 162
　　　　　　　 (03) 212-8000 # 335

定　　價：新台幣 280 元
2013 年 2 月初版
2021 年 6 月六刷

ISBN　978-986-88467-1-5